主　编　韩　宝　宋建平
副主编　蔡玉平　王红祖
　　　　杨全心
主　审　周　纯

 中等职业教育国家级
示范学校特色教材

职业生涯规划

教学做一体化教程

中国·武汉

内 容 简 介

本书是为落实秭归县职业教育中心申办"国家中等职业教育改革发展示范学校"课程改革的要求,结合中职一年级学生刚入校的实际,遵循"教得了、学得会、用得着"的教学宗旨编写而成。

本书包括"追根溯源,走进礼仪殿堂"、"规范举止,塑造个人形象"、"尊重他人,融洽人际关系"、"职场礼仪"、"职业生涯规划与职业理想"、"职业生涯发展条件与机遇"、"职业生涯发展目标与措施"、"职业生涯发展与就业"、"职业教育生涯规划、调整与评价"九个单元,旨在提高学生的礼仪实践和礼仪认识能力,提高学生的职业素质,形成职业能力,促进学生可持续发展。

图书在版编目(CIP)数据

职业生涯规划　教学做一体化教程/韩宝,宋建平主编.—武汉:华中科技大学出版社,2013.8

中等职业教育国家级示范学校特色教材
ISBN 978-7-5609-9303-4

Ⅰ.①职… Ⅱ.①韩… ②宋… Ⅲ.①职业选择-中等专业学校-教材 ②礼仪-中等专业学校-教材　Ⅳ.①G718.3

中国版本图书馆 CIP 数据核字(2013)第 193543 号

职业生涯规划　教学做一体化教程	韩　宝　宋建平　主编
策划编辑:王红梅	
责任编辑:余　涛	
封面设计:三　禾	
责任校对:刘　竣	
责任监印:周治超	
出版发行:华中科技大学出版社(中国·武汉)	电话:(027)81321913
武汉市东湖新技术开发区华工科技园	邮编:430223
录　排:武汉楷轩图文	
印　刷:武汉华工鑫宏印务有限公司	
开　本:787mm×1092mm　1/16	
印　张:11.25	
字　数:288千字	
版　次:2018年4月第1版第3次印刷	
定　价:22.80元	

本书若有印装质量问题,请向出版社营销中心调换
全国免费服务热线:400-6679-118　　竭诚为您服务
版权所有　侵权必究

序言

"课难上,生难管",这是中等职业学校面临的共同难题。究其原因,其中很重要的因素在于现行的中职教育教学目标过高,教材难度较大,学科化味道较浓,与企业对相应岗位的要求差距较大,与学生的学习水平不符。因此,创新职业教育教学模式和课程、教材体系,推进教学改革和教材建设,已成为摆在职业教育工作者面前的一项紧迫而又艰巨的任务。

湖北省秭归县职业教育中心以创建"中等职业教育改革发展国家级示范学校"为契机,围绕党的十八大提出的"加快发展现代职业教育"的宏伟战略目标,立足学生实际,着眼学生发展,强力推进课程改革,精心组织、编写了一批满足当地经济社会发展要求、反映本校教学特色和教学改革创新成果的教材。

这套教材的编写体现了这样的思路:符合学生认知规律和技能养成规律,体现以能力为本位、以应用为主线的教学设计要求。推行"大课程"制,将相近或相关学科整合成一门学科,避免相近学科知识传授的重复,实现模块化教学管理。在专业课程的理论知识方面,注重常识、流程、操作规范等的教学,减少在原理上的纠缠,不要求学科体系上的完美;在技能操作方面注重适应企业对岗位的要求。文化素养类的课程注重服务学生的终身发展、服从学生的专业成长。

阅读完部分书稿，我欣喜地发现本套教材具备如下特点。

第一，做到"教本、教案、学案"三位一体。为了把课程体系改革效益最大化，独创了教学工作页。工作页集教材、教案、学案于一身，基于学习和工作流程设计，能引导学生自主学习，保持学生的学习热情，提高教师的备课效率。这一设计以人为本，减轻了师生负担。

第二，做到"教、学、做"一体化。理论与实践相结合，教师边教边做，学生手脑并用，在学中做，在做中学，体现了"教、学、做合一"的教育思想，突出了教师的主导作用与学生的主体地位。

第三，体现"够用、实用、适用"的编写思想。坚持职业教育改革的发展方向，反映了编撰者较高的现代教育理论修养和创新精神。体系简洁，活泼自然。在教学内容上注重学生的学力水平，力求引进新工艺、新技术、新材料，吸引学生回归课堂，积极参与教学活动。

第四，坚持"教得了、用得着、学得会"的原则。坚持理论够用、技能实用，采用"归、并、删、降、加"的办法进行整合处理，内容贴近学生实际生活及职场需求，安排符合逻辑，不仅有利于教师组织教学，也方便学生自学，操作性强，达到了精选内容、把教材变薄的效果。

"职业教育是一项事业，事业的意义在于奉献；职业教育是一门科学，科学的价值在于求真；职业教育是一门艺术，艺术的活力在于创新。"秭归县职业教育中心的老师们勇于实践、大胆创新，群策群力，用心血、智慧编撰的这套教材，传递了职业教育教学改革的正能量，对于改变宜昌市中等职业教育教学现状、深入推进宜昌市中等职业教育教学改革创新，将起到良好的示范、引领、带动作用。

石希峰

2013 年 7 月

前言

为贯彻落实《中共中央国务院关于进一步加强和改进未成年人思想道德建设的若干意见》、《国务院关于大力发展职业教育的决定》等文件，加强和改进中等职业学校德育课教学工作，进一步增强德育课教学工作的针对性、实效性和时代感，提高职业教育教学质量，教育部颁布了《关于中等职业学校德育课课程设置与教学安排的意见》，将"职业生涯规划"列为中等职业学校德育必修课，并于2008年12月颁发了中等职业学校《职业生涯规划教学大纲》。

秭归县职业教育中心为申办"国家中等职业教育改革发展示范学校"，为提升教育教学质量，打造教育教学品牌，大力实施课程体系改革，推行大课制，德育学科在原有四门学科（"职业生涯规划"、"职业道德与法律"、"经济政治与社会"、"哲学与人生"）的基础上要整合礼仪、心理健康、生理健康、安全常识和就业指导等学科知识，实行大德育教育。为落实学校课程改革的要求，结合新生入校的实际要求，我们将礼仪知识融入"职业生涯规划"课程。我们以《职业生涯规划教学大纲》为根据，编写出融教材、教案、学案三位一体的《职业生涯规划与礼仪》，以适应本校学生的学习实际，从而构建德育有效课堂、高效课堂，真正实现"教得了、学得会、用得着"的教学宗旨。

本书共九个项目三十八个任务41学时（参见教学目录），每个项目设单元导读，以利于学生从宏观上构建知识体系。每学时的编写体例如下：学习导航；案例导学（人生启迪）；正文部分；呈现必备知识（通过事例论证、案例助学、名言警句、插图、漫画、互动空间等栏目，以帮助学生理解、消化知识），补充知识以相关链接、知识链接或知识拓展的方式呈现。学有所获：通过学生活动巩固所学知识，以关键词集成的形式进行归纳；学以致用：练习、实践训练环节，以体验探究或活动探究、自测自评等栏目呈现。

本书编写坚持贴近实际、贴近生活、贴近学生的原则，结合中职学生身心特点和思维发展规律，以有中国特色社会主义理论为指导，坚持社会主义教育方向，把帮助学生树立正确的世界观、人生观、价值观和择业观贯穿始终，把引导学生如何做人、如何就业、走好人生路作为落脚点。

本书最大的特点和亮点是融教材、教案、学案为一体，三者结合的目的是实现教学相长、教学合一的理想效果。我们采用灵活多样的形式，通过案例教学、实践教学和丰富的栏目设置来调动学生学习的积极性，充分发挥学生的主体作用，力争使学生以边学边练的形式学完本教材内容后，能够形成符合本人条件，并满足自身发展和经济社会发展需要的职业生涯规划。

特别要说明的是：在编写本书的时候，我们大量参考、借鉴、吸收了高等教育出版社出版的、蒋乃平专家主编的《职业生涯规划》教材。这本教材集众多专家、学者的智慧于一体，在全国中职学校通用，是本课程的标杆，是中职德育教育的宝贵资源和财富，因而我们加以借鉴和吸收。在此，我们恳请各位教授、专家们谅解和支持，向你们表达谢意。由于时间仓促，书中不当之处在所难免，敬请读者批评指正，我们将不胜感激。

编　者

2013 年 5 月

目录

项目一 追根溯源，走进礼仪殿堂 …………………………………… (1)

    任务一 走进礼仪之邦，初识礼仪 …………………………………… (2)

    任务二 礼仪的特征、礼仪的作用、礼仪的原则 …………………… (5)

    任务三 了解礼仪重要性，做个文明人 …………………………… (9)

项目二 规范举止，塑造个人形象 …………………………………… (13)

    任务一 仪容仪表礼仪 ……………………………………………… (14)

    任务二 着装礼仪 …………………………………………………… (17)

    任务三 仪态礼仪（一） …………………………………………… (22)

    任务四 仪态礼仪（二） …………………………………………… (26)

    任务五 举止礼仪 …………………………………………………… (30)

    任务六 餐桌上的礼仪 ……………………………………………… (34)

项目三 尊重他人，融洽人际关系 …………………………………… (39)

    任务一 家庭礼仪 …………………………………………………… (40)

    任务二 校园礼仪 …………………………………………………… (43)

    任务三 交往礼仪 …………………………………………………… (47)

    任务四 沟通礼仪 …………………………………………………… (51)

    任务五 常用礼貌用语 ……………………………………………… (55)

项目四　职场礼仪 …………………………………………………… (59)

　　任务一　面试礼仪 ………………………………………………… (60)
　　任务二　工作场所礼仪 …………………………………………… (64)
　　任务三　工作中的礼仪 …………………………………………… (67)

项目五　职业生涯规划与职业理想 …………………………………… (71)

　　任务一　规划人生，演绎精彩 …………………………………… (72)
　　任务二　职业与职业生涯规划 …………………………………… (76)
　　任务三　职业理想的作用 ………………………………………… (81)

项目六　职业生涯发展条件与机遇 …………………………………… (87)

　　任务一　职业对从业者素质的要求 ……………………………… (88)
　　任务二　树立正确的人才观 ……………………………………… (91)
　　任务三　兴趣对职业生涯发展的作用 …………………………… (95)
　　任务四　性格对职业生涯发展的作用 …………………………… (98)
　　任务五　能力水平与职业发展 ………………………………… (103)
　　任务六　职业价值取向及其调整 ……………………………… (108)

项目七　职业生涯发展目标与措施 ………………………………… (113)

　　任务一　确定发展目标 ………………………………………… (114)
　　任务二　构建发展阶梯 ………………………………………… (118)
　　任务三　制订发展措施 ………………………………………… (126)

项目八　职业生涯发展与就业 ……………………………………… (131)

　　任务一　正确认识就业，树立正确的就业观 ………………… (132)
　　任务二　做好就业准备 ………………………………………… (136)
　　任务三　掌握求职的基本方法 ………………………………… (143)
　　任务四　职业生涯与心态（一） ………………………………… (146)
　　任务五　职业生涯与心态（二） ………………………………… (150)
　　任务六　职业生涯与沟通 ……………………………………… (153)

项目九　职业教育生涯规划、调整与评价 ………………………… (159)

　　任务一　管理规划，夯实终身发展的基础 …………………… (160)
　　任务二　调整规划，适应发展条件变化 ……………………… (163)
　　任务三　科学评价职业生涯发展和职业生涯发展规划 ……… (166)

参考文献 …………………………………………………………… (169)

项目一

追根溯源,走进礼仪殿堂

 **单元导读**

中国素以"礼仪之邦"著称于世,讲"礼"重"仪"是中华民族世代相传的优秀传统,源远流长的礼仪是先人留给我们的宝贵财富。在当代中国,礼仪更富有鲜明的时代内涵。讲究礼仪,对营造和谐的人际关系和提升良好社会交往能力,塑造良好的礼仪形象,显得尤为重要,所以作为新时代的学生,必须十分重视礼仪的学习。

任务一　走进礼仪之邦，初识礼仪

 **学习导航**

同学们，想做一个有修养的人吗？那我们就先来了解一下中华民族的礼仪起源，掌握礼仪的含义，从而做一个有修养的人。

 案例导学

人生启迪

除了这则小故事，你还知道哪些中华文明礼仪的典故？小组交流讨论。

孔融让梨

孔融四岁时，常常和哥哥一起吃梨。每次孔融总是拿最小的一个，爸爸看见了，问道："你为什么总是拿小的而不拿大的呢？"孔融说："我是弟弟，年龄最小，应该吃小的，大的还是给哥哥吃吧！"

 **知识导播**

> **名言警句**
>
> 不学礼，无以立。
>
> ——孔子

一、中华礼仪，源远流长

我国素有"礼仪之邦"的美誉，礼仪文化源远流长。"礼"字最早出现在金文里面。中国原始的民族礼仪是在先民们的实践活动中产生的。

在人类发展的初期，生产力水平极为低下，生存条件极其险恶，原始先民处于各种压力之下，他们对火山、地震、洪水、电闪雷鸣等自然现象无法解释。在这种情况下，先民们除了采用积极的方法来抵御各种外界的威胁之外，还采用了消极的方法来求得自身的安全。由于对天地鬼神的惧怕、敬畏，先民们会举行一些仪式，用物品来祭拜鬼神。祭祀，是人类最基本的一种礼仪行为。各种各样的祭祀仪式实际上是与各种不同的礼仪要求联系在一起的。在先民们反复的祭祀过程中，祭祀的各种程序和方法逐渐完善和固定下来，礼仪也就应运而生了。

我国礼仪的发展历程源远流长，人类学家推断，早在二万五千年前，中国人的祖先就有了埋葬死者撒赤矿粉的原始宗教仪式。在一万多年前的山顶洞人文化中就有了礼的痕迹，那时的葬制和随葬品说明了先人在丧葬时，也有一定的礼仪形式。

尧、舜时代已具国家雏形，那时礼的系统已经比较严密了。到了夏、商、周三代，礼仪的典章、制度已经相当完善了，而且礼仪已经渗透到社会生活的各个方面。周朝周文王的儿子周公旦，应是制礼第一人。春秋末年，孔子奠定了儒家学说在传统礼仪文化的核心地位，核心思想"仁爱及人"一直影响至今。《周礼》、《礼记》、《仪礼》这三部典籍成为后儒的经书，总称《三礼》，非常全面、直观地阐述了传统礼仪文化的内容。

到了秦汉以后，在漫长的封建社会里，礼治的思想成了封建社会地主阶级的统治工具。但不可否认的是，儒家传统礼仪确实起到了规范人们的行为、维护社会安定的重要作用。

随着社会的进步，以"三纲五常"等封建思想为核心的礼仪，已经越来越不能适应生产力的发展。随着20世纪初辛亥革命的爆发，旧的礼仪阻碍了新文化运动的全面推行。"五四"时期的新文化运动是近代中国一场彻底的思想启蒙运动，它在伦理道德史上具有划时代的意义。以它为代表的中国礼仪革命，抛弃了封建主义旧礼教中的糟粕，继承和发扬了以"对人尊重"为处世原则，以"自由、平等"为基础的中国传统礼仪的精髓，使中华礼仪走上新的道路。

我国现代的许多礼仪形式都是在辛亥革命以后，尤其是新中国成立以后形成的。民国时期孙中山先生提出的"四维八纲"、新中国的"五讲四美三热爱"都体现了对传统礼仪文化的扬弃。现代礼仪以科学精神、民主思想和现代生活为基础，剔除了封建糟粕，表现出新的社会关系和时代风貌。2008年北京奥运会期间开展的"我参与、我奉献、我快乐"等一系列文明礼仪活动，更将我们国家的社会文明整体水平向前推进了一大步。

礼仪与社会制度、人民文化素质、道德都有着密切的关系。在特定的社会历史条件下，礼仪以它不同的内涵和形式，发挥着调节人际关系，使社会保持一定合理秩序的重要作用。

在建设社会主义精神文明的进程中，礼仪将会更有效地规范人们的言行，使其向着社会主义道德规范的方向发展。

《弟子规》节选

父母呼　应勿缓　父母命　行勿懒
父母教　须敬听　父母责　须顺承

冬则温	夏则凊	晨则省	昏则定
出必告	反必面	居有常	业无变
事虽小	勿擅为	苟擅为	子道亏
物虽小	勿私藏	苟私藏	亲心伤
亲所好	力为具	亲所恶	谨为去
身有伤	贻亲忧	德有伤	贻亲羞

议一议

你了解《三字经》和《弟子规》吗？可以通过网络等方式收集一些中国古代传统的启蒙读物和有关的解释说明。

想一想

分析对照这些沿用至今的礼仪规范标准，看哪些方面自己做得好？文中又有哪些要求随着时代的发展而补充了新的内涵？

二、礼仪的含义

历史上，礼的本意是敬神和用来表示敬神而举行的各种仪式。《说文解字》中对礼的解释是"礼，履也，所以事神致福也"。后来，礼成为维护封建统治的基本制度和规范。仪指的是礼的仪式、仪节。仪是由礼而生，又要合乎礼的规范。

现在我们所说的礼仪，指的是人们在相互交往的过程中，关于对他人态度的外在表现的行为规范的总和。它是在长期的社会生活中，在风俗习惯基础上形成的人们共同遵守的品行、程序、方式、风度等。

礼仪规范表现在礼貌、礼节、仪式、仪表等四个方面。

（1）礼貌指的是人们相互之间交往时，表示出的尊敬和友好的言谈和行为。它是以尊重他人和不损害他人利益为前提的，体现了人们的道德水平、文化层次、文明程度等。

（2）礼节指的是人们在日常生活中，特别是在交际场合中，相互表示尊重、祝颂、问候、致意、哀悼、慰问以及给予必要的协助与照料的惯用形式。例如，鞠躬、握手、献花等都是待人接物的惯用形式。

（3）仪式指的是在一定场合举行的具有专门规定的形式和程序的规范活动，如欢迎仪式、签字仪式等。

（4）仪表指的是人的外表，包括容貌、姿态、风度、服饰等内容。仪表属于美的外在因素，反映人的精神状态。一个人的仪表有年龄、职业、场合上的不同要求。

礼仪是由历史形成并具有专门规定的一种行为规范，是人类社会的一种文明行为。礼仪是尊重他人感情的自然流露，是平等互助新型关系的反映，是建设社会主义精神文明的一项基本措施，是带有号召力和感染力的一种教育手段。

学有所获

议一议：礼仪规范表现在哪些方面？它们之间有何联系和区别？
_____
本课关键词集成：_____

 **学以致用**

判断题（括号内正确的画"√"）。
(1) 中华原始的民族礼仪是在人类最早的生产实践活动中产生的。
                                                    （ ）
(2) 在夏、商、周三代，礼仪的典章，制度已经相当完善了。（ ）
(3) 礼仪是人与人交往中的外在行为规范，与社会制度、人民文化素质没有必然联系。   （ ）
(4) 礼节是指人们在日常交往中，表示尊敬和友好的言谈行为。（ ）
(5) 礼仪与每一个人都有联系，涉及人们生产和生活的各个方面。
                                                    （ ）

任务二 礼仪的特征、礼仪的作用、礼仪的原则

 **学习导航**

同学们，在现代化生活中，是不是一定"礼多人一定不怪"呢？我们是不是也要因人而异，视场合而定呢？

 **案例导学**

哪里哪里

一个外国朋友去参加一个中国朋友的婚礼。在婚礼上，出于礼貌，他对新娘夸奖道："How beautiful you are！"没想到，新郎会说一点英语，谦虚道："Where？Where？"外国朋友疑惑了，不知道如何回答！

人生启迪

我们常说谦虚是一种美德，可在这里也不尽然。这则小故事说明了不同民族有着不同的礼仪。

一、礼仪的特征

1. 民族性

同一礼仪内容在不同的民族中可以有着不同的表现形式。由于各民族的礼仪形式的形成与其文化传统、道德观念有着直接的关系,礼仪的民族性特征非常明显。日本人在相互见面时行鞠躬礼,而鞠躬的深度直接与被问候人受尊敬的程度有关;欧美人在相互见面时有行拥抱礼和接吻礼的习惯,而在行礼的方式上则因被问候人的身份不同而有所区别;我国的习惯则是见面时,人们相互行握手礼,双方的性别、年龄、职位高低等因素决定着由谁主动伸手。

同一礼仪形式在不同的民族中也可能代表着不同的意义。例如,在美国家庭中,子女可以直呼父亲的名字,而这一做法在中国则是传统习俗所不允许的;在西方的婚礼上,新娘穿着白色的婚纱,以此象征女性的纯洁,而在东方传统观念中则应穿红色的服装。因此,在现代社会生活中,在礼仪形式方面人们应相互了解、相互尊重、求同存异、入乡随俗。

2. 多样性

在人类社会生活中,礼仪与每个人都有联系,涉及人们生产、生活的各个方面。世界各地的礼仪千奇百怪,几乎没有人能说清楚世界上到底有多少种礼仪形式。从语言的表达礼仪到文字的使用礼仪,从举止礼仪到规范化仪式,从仪表礼仪到服饰礼仪,从宗教礼仪到风俗礼仪等,在不同的国家、不同的场合,礼仪的表达方式各不相同。例如,在国际交往礼仪中,仅见面礼节就有问候礼、点头礼、握手礼、鞠躬礼、亲吻礼、合十礼、脱帽礼、挥手礼等。

3. 共同性

礼仪是社会各阶层人士所共同遵守的准则与行为规范。只要人类存在着交往活动,人们就需要通过礼仪来表达彼此的情感和尊重。一般来说,社会的文明程度越高,为社会全体居民所共同遵守的礼仪所占的比重则越大。

> **名言警句**
>
> 生命是短促的,然而尽管如此,人们还是有时间讲究礼仪。
> ——爱默生

4. 时代性

一个国家、一个民族的礼仪一旦形成,通常会长时间地为后人所沿袭。当然,与其他事物一样,礼仪的不变性是相对的,在继承传统的同时,它又总是随着社会的进步而进步，随着时代的发展而发展。

经过千百年的传承演变，一些礼仪形式已发生了很大变化。例如，今天人们在款待宾客、举行庆典活动时，以右为上，而在秦汉之前是以左为上；又如，现在人们见面、互相致意时，以脱帽为敬，而古时则是以戴冠为敬。由于礼仪具有时代性的特征，所以人们在社会生活中不要墨守成规，落后于时代。

做一做

你知道回族、满族、藏族等少数民族有哪些礼仪习俗吗？想办法收集他们的礼仪习俗与同学们进行交流。

二、礼仪的作用

1. 礼仪是情感交流的纽带

在日常工作、交往活动中，人与人之间进行交流，以礼仪来表达彼此之间的尊重、友好、敬佩与善意，增强相互间的了解和信任，以建立和谐、完美的人际关系。

2. 礼仪是人际交往的钥匙

《礼记》中有这样一句话："入境而问禁，入国而问俗，入门而问讳。"在不同的场合与不同的对象交往，需要不同的礼仪形式。例如，美国前总统尼克松在访问中国之前就曾专门学习筷子的用法；周恩来总理也在欢迎晚宴上特别选定演奏《美丽的阿美利加》。人们在交往过程中，不可避免地会发生各种矛盾，而要解决矛盾、协调人际关系，其中很重要的一点就是运用礼仪形式，以消除人际交往中的各种障碍。

3. 礼仪可以塑造良好的形象

据美国华盛顿一家市场调查机构的调查结果表明：如果在某企业应聘受到不礼貌待遇，96%的人不会直接抱怨，但有91%的人不会选择这个企业。并且受到不礼貌待遇的人要向他周围9个人讲述，其中13%的人要向他周围20个人讲述。可见，在人际交往活动中，一个人的言谈举止会作为一种潜在的信息传递给对方，良好的礼仪表现可以树立成功的个人形象。同时组织中的每一个成员，在与他人接触的过程中，其一言一行、一举一动都会影响组织形象。因此，员工良好的个人礼仪形象有助于塑造良好的组织形象，提高组织的知名度和美誉度。

三、礼仪的原则

1. 尊重原则

尊重原则是礼仪的基本原则。在人际交往中，必须尊重他人的人格，尊重他人的劳动，尊重他人的爱好和情感。在与人交往的过程中，首先要尊重对方，只有这样，才能得到对方的尊重。尊重是礼仪的情感基础，人们只有相互尊重，才能保持和谐的人际关系，塑造良好的社会风气。

人生启迪

学会尊重是我们每个公民的基本要求

 **相关链接**

中国台湾学者柏杨在他的《三句话——美国之行，杂感之三》一文中写到他在美国的有关弹簧门的经历。柏杨在台湾时，经过弹簧门都是一推而过，然后撒手不管。到美国后，有一次他一撒手，结果身后的一位美国人被撞倒并发出了一声大叫，幸好对方没有追究。后来柏杨发现，美国人经过弹簧门之后，总要停步扶门，直等到后面的人进入或有人半途接力，再缓缓放手。以后，他也学会了这样做，在停步扶门时经常听到后进来的人们说"谢谢"。

2. 平等原则

一个人如果希望与他人、集体正常往来，必须遵守平等的原则，平等相待，正如古人所说："勿以身贵而贱人。"交往者既不应该因为年长、位高而骄傲自负，也不应该因为年轻、位低而自卑自惭。

3. 适度原则

与人交往的过程中应该讲究礼仪，但应针对不同的场合、不同的对象掌握好分寸，既要彬彬有礼，又要不卑不亢；既要亲切和蔼，又要不轻浮阿谀、虚情假意。那种认为在任何情况下都是"礼多人不怪"的看法是片面的。有时过分的礼仪举止会引起人的反感，甚至会被认为是虚伪的表现。

在交往中，努力做到"不失足于人，不失色于人，不失口于人"。失足、失色、失口实际上就是指在行为、态度、言论上的不适度。一旦出现错误的言行，应主动表示歉意。

4. 自律原则

人们通过强化礼仪教育和礼仪实训，在掌握更多礼仪知识的同时，会逐渐在心目中树立起高尚的道德信念和行为准则。这种信念的形成使人们的良知得到升华，获得一种内在的力量，而礼仪正是要靠人们这种自身的信念、内在的力量去维系。

 **相关链接**

周恩来总理青年时代在天津南开中学读书，教学楼中有一面大镜子，镜子上有段"镜铭"——"面必净，发必理，衣必整，钮必结，头容正，肩容平，胸容宽，背容直，勿暴勿急，宜静宜庄。"对此，周恩来总理在学生时代乃至以后的革命生涯中，都持之以恒地自觉执行，他的行为值得青年人学习。

学有所获

想一想：每当你进入一个新的集体时，你能感受到什么？哪些是和礼仪有关的呢？

_____

_____

本课关键词集成：_____

 **学以致用**

判断题（括号内正确的画"√"）。

(1) 在与人交往的过程中，在任何情况下都认为"礼多人不怪"这种看法是片面的。　　　　　　　　　　　　　　　　　　　　（　　）

(2) 礼仪具有时代的特征，所以人们在社会生活中不要墨守成规，落后于时代。　　　　　　　　　　　　　　　　　　　　　（　　）

(3) 同一礼仪形式在不同的民族中代表的含义都是相同的。（　　）

(4) 千里不同风，百里不同俗，说明礼仪具有共同性。　　（　　）

(5) 古人说："勿以身贵而贱人"。　　　　　　　　　　　（　　）

找一找：很多中外名著，除了精彩的情节外，往往还对当时社会的政治、经济、文化、礼俗等进行细致的刻画，如中国古典名著《红楼梦》就有很多文字是用来对当时的礼仪习俗进行描绘的。

_____

任务三　了解礼仪重要性，做个文明人

学习导航

礼仪在社会生活工作中非常重要，可以说无"礼"寸步难行，希望同学们通过学习能不断加强自己的礼仪修养，做个文明人。

 案例导学

人生启迪

年轻人为什么有如此境遇？你在问路时是如何做的？当路人向你问路时，你又是怎么做的？

讲"里"与讲"礼"

古时候，有个北方的年轻人去苏州经商，在郊区迷了路。正当他犹豫徘徊的时候，看见路旁树下坐着一位白发老人在乘凉，于是年轻人走过去问路。"喂！老头，到苏州城往哪儿走？有多少里地呀？"年轻人一边擦着头上的汗水，一边问。

"到苏州城往南走，还有四百丈。"老人皱着眉头回答道。年轻人听了很纳闷，问："你们这里怎么不讲里，只讲丈啊？"老人捋着胡须慢慢地说："只因为碰上了你这不讲礼的人，才不讲里，只讲丈啊？"年轻人恍然大悟，自知失礼，连忙向老人道歉。老人微微一笑，指着前面一条小路耐心地说："年轻人，那条小路可以抄近路，走上两里路便可到啦！"年轻人拱手作揖，一再道谢，然后踏着轻盈的脚步向苏州城走去。

 知识导播

一、遵守公共秩序

所谓公共秩序就是为了维护社会公共生活的正常进行所要求人们必须遵守的行为规范的总和，主要是指公共场所的行为准则。公共场所是人们共同生活、学习、娱乐、交往的地方。为了保证社会生活的正常运行，每个公民都应以强烈的责任感自觉做到遵守和维护公共秩序，对于破坏公共秩序的行为，都有责任进行批评教育。它是对社会所有成员的共同要求，体现了人们的共同的利益。

二、爱护公物

（1）对于国家、集体的公共财产应妥善保护、合理使用，提倡勤俭节约。

（2）树立爱护公物光荣、破坏公物可耻的思想。

（3）发现公物受到各种自然灾害的威胁时，要想尽办法进行抢救。对于那些破坏公物的行为，要敢与之进行坚决的斗争。

三、尊老爱幼

尊老爱幼是中华民族的传统美德，是我们的责任和义务，也是社会发展进步的具体表现和必然要求，更是人类文明的标志。

对待老人我们都应做到：

（1）在家庭生活中关心老人起居，履行赡养老人的义务；

（2）在工作中要虚心向长辈请教，听取他们的有益教诲，认真总结他们的实践工作经验；

（3）在精神上充分敬爱老人，在思想上充分谅解老人。

对待儿童，我们应做到：

（1）我们要对儿童加以爱护，给予照顾与帮助，并提供方便；

（2）每一个人以自己的有教养的举止言行去为儿童树立榜样，培养儿童自主自立的能力，培养儿童的自尊心，从各个方面无微不至地照顾儿童。

四、帮助残障人士

对残障人士要关心、照顾，热情周到，关怀备至，使他们感受到温暖。这种尊重和礼节更能使他们感到自己和正常人一样的平等。

对残障人士的帮助、照顾和尊重应做到：在一切公共场所，如百货商场、影剧院、餐厅和饭店等，都要专门为残疾人设置通道，使其轮椅能直接驶入回旋式楼道；为残障人士提供必要的免费服务；在需要排队等候的一切场所，残疾人都优先；除了医生的例行检查和治疗，不允许任何人对残障人士进行谈论，也不要私下议论。即使对残障人士提供了服务和帮助，也不能向他们特别点明。

五、守时践约

约会是人们预先约定的会晤。在社会交往中，能否守时践约将直接关系到交往的效果，守时践约，应遵守以下原则。

（1）需要与他人约会，应提出明确会晤的时间和地点。约会双方应协商而定。

（2）当需要拒绝约会时，要说明不能赴约的理由。

（3）约会一旦确定，就应准时赴约。作为立约人应提前到达约会地点，做好必要的准备。若没有特殊情况，不得擅自变更约会的时间与地点。如需变更，应提前向对方说明原因，并致歉意，然后由对方提出新的地方约会时间和地点。

（4）对于确有原因而失约或迟到的，要给予对方宽容和体谅。在对方说明原因并道歉后，应当给予谅解。

（5）若因交通工具等原因迟到或晚到的，应向对方道歉。

（6）在社会交往中，如同时约多方人员参加约会，应提前向各方说明，并征得同意。

应注意

简单粗暴地回绝他人的邀请；在约会时早到或晚到，忘记或记错了约会的时间和地点；无故失约。这些都是失礼的表现。

六、购物礼仪

2007年11月10日上午，重庆家乐福沙坪坝店组织的限时抢购桶装油活动引发踩踏事故，造成 3 人死亡，31 人受伤入院，其中 7 人重伤。次日在当地政府的介入下，死者家属已就赔偿问题与家乐福方面进行了磋商。

想一想

为什么会出现这种情况？除了家乐福等有关部门要负责任外，消费者是不是也有一定责任？我们购物时应该怎么样去做？

七、参加集会的礼仪

（1）会前准时到场，按指定位置入座。保持良好的精神面貌，如会议对参会者服装有要求，应按要求选择合适服装。

（2）集会开始后，保持会场安静。迟到者应悄悄入场，坐在后排的座位上。总之要尽量避免打扰别人听讲。

（3）在开会的过程中，认真听讲，如有必要应认真记录。没有特殊原因，不可中途退席。在精彩处应报以掌声。

（4）集会结束时，有序退场。尤其是在遇到突发事件时，更应按安全路线图或在工作人员的疏导下有序退场。

应注意

与会者勾肩搭背，任意谈笑嬉闹；在开会过程中打瞌睡；对发言者起哄；散会时一哄而散，争先恐后，使门口拥挤堵塞，造成混乱。这些都是失礼表现。

 学有所获

议一议：参加学校集会时，我们应该怎么做？大家一起归纳出正确的做法。并大家请今后在参加学校集会时以这些礼仪要求规范自身的行为。

_____

本课关键词集成：_____

想一想：走亲访友时，人们经常乘坐出租车出行，有些人还自己开车出行。日常生活中应怎样注意乘车礼仪？

_____

 **学以致用**

判断题（括号内正确的画"√"）。

（1）看到残障人士一定要去帮助他。　　　　　　　　　　　　（　　）

（2）讲究公共秩序是每个公民应当遵守的礼仪。　　　　　　　（　　）

（3）女士优先是国际通用的原则。　　　　　　　　　　　　　（　　）

项目二

规范举止，塑造个人形象

人人都希望自己穿戴大方得体，举止优雅从容。我们要学习如何让自己从容、大方地融入社会，做个讲文明有修养、举止大方得体的人。

任务一 仪容仪表礼仪

 **学习导航**

通过本课的学习,希望我们的仪容仪表更加干净得体。

 案例导学

请照照镜子

人生启迪

在人际交往中,外在形象是比较重要的。

有一天,一个领导对一个男同志说:"你也不照照镜子。"

男同志问:"我照镜子干什么?"

领导说:"你照鼻孔,检查一下自己的鼻毛吧。它已经超出你的鼻孔之外,近距离相处,我都可以发现你的鼻毛随风飘摇。"

 知识导播

一、仪容仪表的概念

仪容,主要是指人的容貌;仪表就是一个人的外表,包括人的容貌、发型、服饰、姿态等方面。仪容仪表是一个人的精神面貌的综合体现,它与一个人的道德修养、文化水平、审美情趣和文明程度有着密切的关系。

注重仪容仪表,是尊重宾客,讲究礼貌礼节的一种具体表现。

二、个人清洁

清洁是礼仪的基本要求,是仪表美的关键。每一个人都应有端庄、美好、整洁的仪表。

1. 面部清洁

为了使自己容光焕发、充满活力,应注意面部清洁与适当修饰。

应做到

每天要早晚洗脸,清洁面部的污垢、汗渍等不洁之物;洗脸时可借助于洁面膏,同时应注意清洗耳朵和脖子;当出汗时要用纸巾或手帕及时擦去脸上的汗。

为了保持面部红润,可以适当多吃蔬菜、水果;多喝水,以保持体内有足够的水分，防止皮肤粗糙干燥；还要保证足够的睡眠。

应注意

用衣袖代替纸巾或手帕擦拭汗水、鼻涕、面部污渍；或不予顾及而任其淌在脸上；用过的纸巾随手乱扔。这些都是失礼的表现。

此外，学生不应化妆。

2. 口腔清洁

保持口腔清洁、口气清新，是与人交往所必需的环节。

应做到

要坚持每日早晚刷牙，清除口腔细菌、饭渣，防止牙石沉积。刷牙时应顺着牙缝的方向上下刷，牙齿的各部位都必须刷到，刷牙时间至少应在三分钟以上；用餐时应闭嘴咀嚼；餐后如需要剔牙，应用手或餐巾加以遮掩；不吸烟，不喝浓茶，可以有效防止牙齿变黄；注意保持口气清新。

3. 手的清洁

手清洁与否能反映出一个人的修养及卫生习惯。

应做到

及时清洗自己的手，注意修剪与洗刷指甲。干燥季节或冬季可以选用一些保湿滋润的护手霜。

应注意

留长指甲既不利于健康，又缺乏时代美；涂有色的指甲油；指甲缝里有污垢；在公众场合修剪指甲，摆弄手指。这些都是不妥的表现。

做一做

伸出手，互相检查一下，有没有不妥的地方？

4. 其他

应做到

勤洗头、勤洗澡，勤换内衣，身上没有异味；男士胡须要剃净，鼻毛要剪短；女士可适当使用香水。

应注意

在公共场合做揪胡须、拔鼻毛、挖鼻孔、掏耳朵等动作；使用过量或过浓的香水。这些都是失礼或不妥的表现。

三、得体的发型

得体的发型能增添人的魅力，能使人容光焕发，充满朝气。

发型不仅要符合美观、大方、整洁和方便生活的原则，而且要与头发的性质、脸型、体型、年龄、气质、服装等因素很好地结合起来，才能给人以整体美的印象，也更能体现自己的职业特点。

职业学校学生的发型应反映出青年人的精神面貌。

应做到

头发清洁整齐，色泽统一；留标准的学生发型。

男生后面的发际线，应在领子以上 1～2cm，两边的头发不准盖住耳朵；发型要有层次，头发的前帘以不挡眉毛为准。学生若以西服样式为校服时不可留寸头。

女生如留短发，后面的发际线应在耳下 2～3 cm，"刘海"不要遮住眉毛以下的部位，可梳成扣边短发，也可以梳成运动式；发端可剪出层次。如留长发，则应用发绳或头花将头发整齐束起，不留碎发。

看一看

我们自己的头发或发型是否有不符合中职生要求的？同学之间可以相互指出来。

阅读思考

关注中职生的仪容仪表美

爱美之心，人皆有之。中职生青春年少，风华正茂，谁不爱美？但中职生思想还不够成熟，对事物的看法不够全面，因而对"美"的理解也存在偏差。比如时下盛行的追星热，一部分中学生对明星盲目崇拜和模仿，染发、烫发、留怪发，男生穿鼻孔、戴耳环，女生穿低腰裤、超短裙，打扮得过于时髦等。这不仅不符合中职生的身份，而且也不美。

《中职生日常行为规范》第一条就规定："自尊自爱、注重仪容仪表。"端庄大方又不失文雅，朴实自然又不失个性，这是对中职生仪容仪表的最基本要求。学校对学生的仪容仪表提出了具体要求，如：学生进入校园必须穿着整洁朴素、大方得体；男同学不准留长发、剃光头，不准染发，做到前不扫眉，旁不遮耳，后不擦领；女同学不化妆，不得佩带各种挂件、饰物等。

要解决学生的仪容仪表问题应从小事抓起，防微杜渐，循序渐进。年轻人逆反心理较强，仪容仪表问题是中职学校学生管理中的一大难题，对此，学校应从新生入校后开始就有意识地引导。

我们班谁是仪容仪表之星？

学有所获

议一议：结合所学的专业，了解仪容仪表方面在日常工作有哪些礼仪规范要求。说说你所知道的要求有什么？

_____

_____

本课关键词集成：_____

 **学以致用**

判断题（括号内正确的画"√"）。
(1) 仪容主要是指人的外表美。（ ）
(2) 为使自己容光焕发，应注意面部的清洁与适当的修饰。（ ）
(3) 我的外表是天生的，可以不加修饰。（ ）
(4) 女孩子天生爱美，所以可以化很浓的妆。（ ）
(5) 保持口腔清洁、口气清新，是与人交往所必需的环节。（ ）

找一找：请上网查找卫生部门介绍的六步洗手法，了解正确洗手的方法和步骤，并按要求，在教室里进行模拟训练。

任务二　着 装 礼 仪

 **学习导航**

希望通过学习，能认识个人的着装对个人形象的重要性，学会穿戴得体。

 案例导学

金正昆教授自述故事（一）

有一次去参加一个宴会，对面一个女孩子把我看晕了，戴了四枚戒指，一枚是绿色的翡翠，一枚是黑色的玳瑁，一枚是咖啡色的玛瑙，一枚是彩色的玫瑰金。由于穿着高领衫，项链没看见。耳环则有两组：一紫一蓝。人家很大方地问我："好看吗？"

我说："你想听真话还是假话？"

人生启迪

形象设计泛指人的穿着打扮、言谈话语、举止行为。要注意同质同色原则，其具体含义是：质地色彩要相同，搭配要协调。

她说:"啥意思?"
我说:"那就跟你简单说吧,反正东西都是好东西。"
她说:"那什么意思?"
我说:"放一块不好看!"
她说:"为什么呀?"
我说:"远看像棵圣诞树,近看像个杂货铺。你戴的首饰质杂色乱,串了味儿了!"

看一看，想一想

你认为我们周围哪一位同学着装最好,你们平时是怎么选择衣服的穿着的?请说说理由。

 **知识导播**

一、着装原则

选择服饰时注意与特定的时间、地点、场合的要求相搭配。不同场合所选用的不同服装,有着不同的礼仪要求。

二、着装类型

1. 正统服装——事业服

事业服可分为制服和特殊职业服。一般说的制服适合于教师、记者、公司员工等工作人员工作时穿着,男士普通西服就属于这一类。特殊职业服则指因某职业而特制的服装,这种服装一般成为某个职业的标志,如警服、解放军军服等。

穿着事业服,有一定的严肃性和庄重感。正确穿着,可以体现职业特征,实现着装自重,从而树立组织形象。

应做到

按照本组织、本单位或职业的统一要求穿着,做到整齐、清洁、端正、朴素、大方。

想一想

穿着事业服有哪些是不妥的?

2. 便装

便装可分为家居服、睡衣和休闲服。

想一想

我们应在什么场合穿这些服装？应注意什么？

3. 职业学校的学生装

职业学校若统一配制了学生装或校服，则应做到穿着干净、整齐、统一。如没有统一配制，服装则应选择符合学生年龄、身份的款式和面料，以自然、淳朴为原则。着装不能不整洁或款式面料过于新奇、华丽、高档；在服装上、书包上挂过多小饰品或随意涂鸦也不合适。

4. 西服

西服典雅大方、富有魅力，深受各国各界人士喜爱。穿着西服时，应注意以下九个方面。

（1）选好布料与色彩。

将纯毛或者含毛比例较高的纯、混纺面料作为正装西服的首选面料；色彩以单色、深色为主，首推藏蓝色，其他还可选择灰色和棕色。黑色西服适合在庄严而肃穆的礼仪活动中穿着。通常，男士正装西服是没有任何图案的。

（2）选择款式。

按西服的件数，可分为单件和套装，而套装又可分为两件套和三件套。按西服上衣的纽扣形式，可分为单排扣和双排扣。单件西服上衣仅适用于非正式场合。西服背心如果是六粒纽扣，一般不系最下面的一颗纽扣，如果是五粒纽扣则应全部系上。西服背心应贴身合体，与西服配套穿的羊毛衫应是"V"形领，领带应放在"V"形领羊毛衫里面。

（3）系好纽扣。

站立时，双排扣的西服上装不管在什么场合都应把纽扣全部扣上。单排扣西服上装，两粒纽扣的只系上面一粒，三粒纽扣的可系中间一粒。在非正式场合或者就座后，单排扣西服可以不系扣，敞开衣襟，既潇洒自由，又不失礼。

（4）注意西裤的尺寸。

裤脚应盖在鞋面上，并使裤脚长度在鞋口边沿下 1～2 cm 处，裤线应熨烫挺直。

（5）选好衬衫。

应做到

穿西装时，正装衬衫必须为单色衬衫，以白色为最佳。衬衫领子要挺括、整洁。衬衫领应高于西服上衣领。正装衬衫必须是长袖衬衫。衬衫的最佳袖长为：手臂下垂时，衬衫袖长于西服上衣袖 1～2 cm。衬衫下摆必须塞在裤子里面。打领带时，衬衫袖口、领口必须要系好。不打领带时，领扣可以不用扣上。

(6) 用好口袋。

西服外侧左上胸袋专门用于插装饰型手帕或鲜花，内侧胸袋可用来放钢笔、钱夹或名片夹等小物品。衬衫的胸袋尽量少放东西。背心的口袋用于存放珍贵的小物件，如怀表。总之，原则上是少装东西。

> **名言警句**
>
> 服装往往可以表现人格。
>
> ——莎士比亚

(7) 配好领带与领带夹。

男士在上班、办公、开会或走访等公务活动中，以打领带为好。在休闲场合，通常不需要打领带。在正式、庄严隆重的场合选用深色领带为宜。领带的长度以站立时下端大箭头刚好触及皮带扣的上端为好。打领带结，要求令其挺括、端正，外观上呈倒三角形，领带夹靠在衣领上，不能太往下。领带夹的位置应在从上往下数以衬衫的第四粒到第五粒纽扣之间为好。另外，穿着西服还可选用领结。

(8) 选好鞋袜。

应选用黑色、黑棕色、深咖啡色的系带皮鞋与西服搭配，皮鞋要上油擦亮。穿西服可配穿深色的袜子，如黑色、深咖啡色等，袜子要保持整洁、干净。袜筒的高度，不宜低于自己的踝骨，出席正式场合最好选择高至胫骨的袜子。

(9) 选好腰带和皮包。

选黑色或棕色皮革质地的腰带与西服配套使用，不应有任何花纹图案，宽度一般不超过 3cm。腰带在系好后，通常以皮带尖端不超过腰带扣 10 cm 为标准。选用长方形的深色公文包。

5. 女士职业套装

女士职业套装有西服配长裤、西服套裙，均可作为正式礼服。穿着女士职业套装时应注意以下几个方面。

(1) 面料和款式。

正式场合穿着的女士套装，上衣与裙子或裤子应为同一质地、同一色彩的素色面料，显得庄重，有成熟感。

(2) 注意穿着规范。

①关注细节。女士在穿着职业套装时，必须依照常规穿着方法。此外，在夏天的非商务场合中，女士可以赤脚穿凉鞋。

②选好衬衫。与套裙配套穿着的衬衫，要以轻薄柔软的面料为主。以单色为最佳选择。

③配好鞋袜。黑色皮鞋最为正统，与套裙色彩一致的皮鞋亦可选择。女

士着裙装应配穿高筒袜或连裤袜,袜子最好选用肉色的。

④适当妆饰。女士着装、化妆与佩饰风格应统一,可以选择做工精良的连衣裙、中式民族服装,作为礼服穿着。

三、配饰的要求

装饰用品和衣服一同构成了服饰的内容,饰品应与服装相协调,起点缀的作用。

(1) 选好帽子、围巾、手套、眼镜、书包。

(2) 恰当选用首饰。

首饰包括戒指、项链、耳环、胸针等饰物,首饰的佩戴有一定规矩。它是一种沉默的语言,能显示佩戴者的气质与修养。

 学有所获

做一做:设置一个准备去参加工作接待的场景:分小组为男女同学各搭配衣服和配饰。小组互评,哪一组做得最好?

_____

本课关键词集成:_____

 **学以致用**

判断题(括号内正确的画"√")。

(1) 男士穿西装时,袜子可以穿白色的。(　　)

(2) 男士西服的扣子如果是双排扣要全部扣上,如果是单排扣,三粒的可扣中间的一粒,两粒的只系上面一粒。(　　)

(3) 女士丝袜的袜口应遮在裙摆内。(　　)

(4) 女士在佩戴首饰时,最多不能超过三款。(　　)

(5) 西装上衣外侧的两个大口袋可以装香烟。(　　)

(6) 西装左上外侧衣袋专门放手帕。(　　)

(7) 男士在工作场合,除了手表外,最好不要佩戴其他首饰。(　　)

想一想:根据专业特点,了解一下本专业的着装礼仪要求。

任务三 仪态礼仪（一）

学习导航

古人云：坐有坐相，站有站相，良好的仪态会给人一种非常有涵养的印象，做个有内涵的人，先从我们的仪态开始做起吧。

案例导学

如此坐姿

人生启迪

什么是仪态？仪态礼仪表现在哪些方面？

某公司一经理位置空缺，公司领导看中了小刘，准备对小刘进行考核。在考核中，小刘一边回答问题，一边不停地变换双腿的姿势，甚至跷起二郎腿不停地抖动，眼睛一会儿看这儿一会看那儿，整个姿态令领导皱眉，对小刘的印象大打折扣。

知识导播

一、规范的站姿

站立是人们生活交往中的一项最基本的举止，同时也是各种岗位的工作人员在工作中第一个引起他人注意的姿势。要想站姿正确，有四个部位要特别注意：脚、肩、胸部、下颌。

站姿的基本要求是："站如松"。站立时，头正、颈直、肩平、臂垂、收腹、紧臀、腿直（并）。

1) 男士的基本站姿

（1）男士站姿一。

双手自然垂放于身体的两侧，虎口向前，双膝并拢，两腿绷直脚跟靠拢，脚尖分开呈"V"字形。

（2）男士站姿二。

左手搭在右手上，贴于体前。

2) 女士站姿

（1）女士站姿一。

身体直立，脚跟靠紧，脚尖分开呈"V"字形，双手自然垂放于身体两侧。

(2) 女士站姿二。

身体直立，脚尖呈"V"字形，双手相搭贴于体前。

二、优雅的坐姿

坐姿文雅、端庄，不仅给人以沉着、稳重、冷静的感觉，也是一个人气质与修养的体现。

1) 男士的基本坐姿

（1）标准式。双腿自然弯曲，小腿垂直于地面，双膝左右略分开约 10 cm，两脚自然分开 45°，双手分别放在两膝上。

（2）曲直式。一侧小腿前伸，另一侧小腿屈回，幅度均不要超过 10 cm。

（3）前交叉式。在标准式的基础上，小腿前伸一脚的长度，两脚外侧脚踝相互交叉叠放，膝盖不要分开过大，脚尖不要翘起。

（4）重叠式。一侧小腿垂直于地面，另一侧小腿在上重叠，在上方的小腿向里收，脚尖向下。

2) 女士的基本坐姿

（1）标准式。双手叠放在大腿中部并靠近小腹，双膝并拢，小腿垂直于地面，两脚跟相靠。

（2）曲直式。一侧小腿略向前伸，另一侧小腿屈回半步，前脚掌着地，两脚屈向内侧，前后在一条直线上。同时大腿靠紧。

（3）侧点式。两小腿向一侧斜出，双膝并拢，以向右斜出为例，此时左侧脚尖靠拢右侧脚弓，左脚掌着地，右脚尖着地。

（4）重叠式（标准式架腿）。在标准式坐姿的基础上，一条腿提起，两膝相叠，使腿窝落在另一条腿的膝关节上，两条腿的小腿外侧相靠，上面的腿脚尖向下。

练一练

（1）两人一组，选择一项坐姿，面对面练习，相互指出对方的不足。

（2）坐在镜子前面，按照坐姿的要求进行自我纠正，重点检查起身、离座的动作、身位、腿位、脚位，以及躯干的姿态。

三、轻盈的走姿

走姿是人体所呈现出的一种动态，是站姿的延续。走姿是展现人的动态美的重要形式。走路是"有目共睹"的肢体语言。

1. 走姿要求

（1）头正。

（2）肩平。双肩平稳，以肩关节为轴，双臂前后自然摆动 30°～35°为宜。

（3）躯挺。上身挺直，立腰收腹，身体重心稍向前倾。

（4）步位直。两脚的内侧落地时，两脚落地后的轨迹要在一条直线上。

（5）步幅适度。

（6）步速平稳。

练一练

请几位学生在上面表演走姿，然后评一评。

2. 变向时的规范行走

（1）后退步：告别时，先向后退两三步，再转身离去。退步时，脚要轻擦地面，不可高抬小腿，后退的步幅要小。转体时要先转身体，头稍后再转。

（2）侧身步：当在狭窄的路面或楼道中与人相遇时，要采用侧身步，两肩一前一后，并将身体正侧转向他人。

3. 行进中的礼仪

（1）在空间较狭窄段与来宾前后行进时，即前后在一条线上时，一般应该让客人走在前面。

（2）人行道的右侧是最为安全且尊贵的位置，应将其让给长辈或女士；晚辈或男士应行于外侧即左侧；若夫妇二人陪长辈外出，其行走时应让长辈居中，女士走右侧；主人陪客人外出，应使客人走在右侧；遇到车辆很多、灯光昏暗处，走在外侧的一方应先走几步，并提醒和照顾其他人。

想一想

行走楼梯时应请注意什么样的礼仪？

练一练

设置场景，模仿告别时后退的礼仪和其他走姿礼仪（女生穿半高跟鞋进行练习）。

四、自如的蹲姿

1. 基本要求

蹲下时保持上身的挺拔，抬头挺胸，神情自然。两脚合力支撑身体，掌握好身体的重心。应用一只手轻按住领口部位。女士如穿着裙装，蹲下时应用手向前收拢裙摆。在他人身边下蹲时，要侧身对着对方。

应注意

（1）突然蹲下，尤其是走姿变化成蹲姿的时候，动作过快；

（2）在下蹲的时候，离人过近，造成撞挤对方或妨碍他人；

（3）在他人身边下蹲时，正面面向他人或背对着他人；

（4）穿着裙装的女士下蹲时毫无掩饰。

以上这些都是失礼或不妥的表现。

2. 基本蹲姿

1）高低式蹲姿

下蹲时，左脚在前，右脚稍后，两脚平行，两腿靠紧向下蹲。左脚的全脚掌着地，小腿垂直于地面，右脚脚跟提起，脚掌着地。右膝低于左膝，右膝内侧贴靠于左小腿的内侧，形成左膝高、右膝低的姿势，反之亦可。臀部向下，以右腿支撑身体。

2）交叉式蹲姿

下蹲时，左脚在前，右脚在后，左脚全脚着掌地。左腿在上，右腿在下，两腿交叉重叠。右膝由后下方伸向左侧，右脚脚跟抬起，右脚脚掌着地。反之亦可。双腿前后靠紧，合理支撑身体。上身稍微前倾一些，臀部向下。

练一练

学生分小组练习蹲姿，互相评价并展示。

 **阅读思考**

坐在椅子上时，有许多人马上就把脚交叠在一起，这是不服输且有对抗意识的表现。在客厅、办公室等地方，女性坐下时脚经常交叠的也很多，这

样会被对方视为骄傲的人,有损对方对自己的印象。女性两肘靠在桌面上两脚交叠,同时又不停反复交叠后放下、放下后又重叠是很关心对方的表示。在交谈之间,先将脚叠起来的人,是表示自己的优势;脚稍微叠起一点点,则表示心里不安。一般人都没有跷腿的习惯,因此,跷二郎腿的人,多半是潜意识中希望由此引起对方的注意。

读后感:坐姿看人心,不同人的坐姿反映不同的心理特征。
_____
_____

 学有所获

想一想:请观察一下,我们周围的同学有没有上课或自习时不合礼仪规范的地方,请相互指出来,并加以改正。
_____

本课关键词集成:_____

 学以致用

判断题(括号内正确的画"√")。
(1) 不良的坐姿会给人一种粗俗无教养的印象。   ( )
(2) 与他人告辞后扭头就走。   ( )
(3) 行走时,引领客人应走在客人的右前方。   ( )
(4) 女士着裙装时(特别是短裙)走楼梯,应走在后面。   ( )
(5) 站立时,男女双脚可呈"V"字形。   ( )

练一练:座位上站起,然后行走,停步,蹲下,捡拾东西,回到原位。

任务四　仪态礼仪(二)

 学习导航

你参加过演讲吗?你会用手势表达内心的情感吗?学会用恰当的手势与人交流和沟通是必要的。

 案例导学

"OK" 手势

一位美国的工程师被公司派到他们在德国收购的分公司，和一位德国工程师在一部机器上并肩作战。当这个美国工程师提出建议改善新机器时，德国工程师表示同意并问美国工程师自己这样做是否正确。这个美国工程师用美国的"OK"手势给以回答。那位德国工程师放下工具就走开了，并拒绝和这位美国工程师进一步交流。后来这个美国人从他的主管那里了解到这个手势对德国人意味着蔑视。

人生启迪

举止得体、优雅大方、适度，是手势礼仪的基本要求。

想一想

（1）"OK"手势具有什么含义？
（2）怎样避免案例中的情况发生？

 知识导播

一、恰当的手势

手势是人们交往时不可缺少的动作，也是具有表现力的一种"体态语言"。手势美是一种动态美。日常工作生活中，优雅得体的手势，能在日常交际和生活中起到锦上添花的作用。

1. 基本要求

自然、优雅、规范、适度、大方。

2. 具体要领

（1）与客人交谈时，手势不宜过多，动作不宜过大，更不要手舞足蹈。

（2）介绍某人或为客人引路指示方向时，应掌心向上，四指并拢，大拇指自然张开，以肘关节为轴，前臂自然上抬伸直。指示方向，上体稍有前倾，面带微笑，眼睛看着目标方向，并兼顾客人是否意会到目标。这种手势有诚恳、恭敬之意。

（3）表示请进的时候：可用右手，掌心斜向上，手臂与地面呈 45°，肘关节稍微弯曲，腕关节低于肘关节，手抬起至胸腹横膈膜处，以肘关节为轴向右摆劲，到身体右侧稍前处的地方停住。请客人入座时：以肘关节为轴自上向下摆动，指向椅子所在处的斜下方，前臂不要下摆至紧贴身体。

（4）鼓掌也属于手势范围，如欢迎客人到来；他人发言结束后；观看体育

比赛、文艺演出时,应用右手手掌拍左手掌心,但不要过分用力,时间过长。

想一想

在社交场合我们哪些手势不合规范?试举例说明。

_____

_____

二、恭敬的鞠躬

"鞠躬"起源于中国的商朝,主要表达"弯身行礼,以示恭敬"的意思。人们在现实生活中,逐步沿用这种形式来表达自己对地位崇高者或对长辈的尊敬。

1. 基本要求

在行鞠躬礼时,应保持上身的挺拔,动作自然、谦恭、规范、适度、大方。

鞠躬时有不同的角度:15°,30°,45°,90°。鞠躬的角度不同,表达敬意程度也不同,角度越大表示敬意越深。

2. 具体要求

(1)行鞠躬礼时,面对客人保持正确的站立姿势,两腿并拢,双目注视对方的脸部,随着身体向下弯曲,双手逐渐向下,朝膝盖方向下垂。视线由对方脸上落至自己的脚前1.5m处或脚前1m处。

(2)男性双手放在身体两侧,女性双手合起放在身体前面,鞠躬时必须伸直腰,脚跟靠拢双脚微微分开,目视对方,然后由腰开始,上身向前弯曲。鞠躬时,弯腰速度适中,之后抬头直腰,动作可放缓,这样令人感觉很自然。

(3)脖子不可伸得太长,不可挺出下颌。

(4)耳和肩在同一高度。

3. 鞠躬四忌

(1)不脱帽鞠躬。

(2)鞠躬时抬头。

(3) 行进中鞠躬。

(4) 在鞠躬时，背对客人或离客人过近，易造成撞挤或妨碍。

 **阅读思考**

不同的手势语言

同样一种手势在不同的国家、地区有不同的含义，千万不能乱用。如伸出一只手，将食指和大拇指搭成圆圈，美国人表示"OK"，是赞扬和许诺之意；但在日本人眼里，则代表"金钱"；在巴西，则被认为是不文明动作；在法国，却通常表示"微不足道"或"一钱不值"；在希腊、意大利的撒丁岛，这是一种令人厌恶的污秽手势；在马耳他，则是一句无声而恶毒的骂人话。

在英美等国，如伸出右手的食指和中指作"V"字形手势，表示"胜利"、"成功"。但最初使用时，丘吉尔是掌心向外的，若你不慎将手背向外，那在英国人的眼中是伤风败俗的意思。

 学有所获

想一想：我们平时用的手势是否都符合规范，举几个例子，加以说明。

_____

本课关键词集成：_____

 **学以致用**

判断题（括号内正确的画"√"）。

(1) "OK"这个手势在世界各地都是表示好的意思。　　　(　　)

(2) 女孩子在行鞠躬礼时可以不脱帽。　　　　　　　　(　　)

(3) 手势运用要适度大方，不要手舞足蹈。　　　　　　(　　)

(4) 鞠躬礼起源于日本。　　　　　　　　　　　　　　(　　)

练一练：小组自创情景，例如，请进，介绍，鞠躬，请坐，鼓掌等仪态礼仪的综合运用。

任务五 举止礼仪

学习导航

通过学习,了解表情礼仪的基本规范,掌握待人接物的基本礼仪要求,培养良好的人际交往礼仪形象。

案例导学

你忘了东西

人生启迪

你有过上述的经历吗?相互讨论一下,你们知道进入教师办公室的礼仪吗?做个有礼貌、有素质的人,你一定会受益匪浅的。

学生小李在班主任那里拿了家长托老师带的衣服之后转身就走。班主任说:"小李,你忘了东西哦!"小李回头看了一下,好像没落东西。可班主任还是说他掉了东西,小李百思不得其解,班主任说:"你忘了'行李'(行礼)啦!"小李不好意思极了,一边道歉一边给班主任行了一个礼,然后轻轻拉上门走了。

知识导播

一、表情礼仪

表情是指人的面部情态。现代心理学总结过一个公式:感情的表达=语言(7%)+声音(38%)+表情(55%)。

恰当的表情能给人们留下深刻的印象,也是自身素质的最好体现。构成表情的主要因素是目光和微笑。

1. 目光

眼睛是传递心灵信息的窗口,在人际交往中具有不可替代的作用。观察一个人,最好的办法是去观察他的眼睛。

应做到

在人际交往中,目光应是坦然、亲切、和蔼、有神的,交谈时应注视对方;视线相互接触的时间,应占交往时间的30%~60%。

应注意

与人交往时目光躲躲闪闪,不敢看对方;或连续注视对方的时间过长,令人产生不安的感觉。这些都是失礼或不妥的表现。

另外，在双方见面交谈时，视线的高度与位置，应因交际对象和交际场所的不同而不同。

2. 微笑

微笑是人们良好心境的表现；是有信心，对自己的魅力和能力抱积极和肯定态度的表现；是内心真诚友善，心地坦荡的表现；是对工作意义的正确认识、乐业敬业的表现。

有人说，一旦学会微笑，你将成为一笔宝贵精神财富的拥有者。但愿人人都学会微笑，成为微笑的使者。

应做到

微笑时嘴角两端略向上提起。微笑应发自内心，同时心情应是平和而真诚的。

应注意

冷笑；皮笑肉不笑；在严肃的场合发笑。这些都是失礼或不妥的表现。

练一练

照镜子，和同学之间相互练习微笑，纠正不足。

二、递物与接物礼仪

1. 递物礼仪

应做到

尊重对方，注视对方。双手递物，双手接物。

（1）递交文件、图书杂志、名片等时，均应使文字正面朝着对方，以方便对方观看。

（2）递交钞票时，将现金放在信封中，双手将装有现金的信封递送给对方。

（3）递笔、刀剪之类的尖利物品时，需将尖头朝向自己。

（4）递送茶杯时，应左手托底，右手握住杯把，将茶杯把指向对方的右手边。

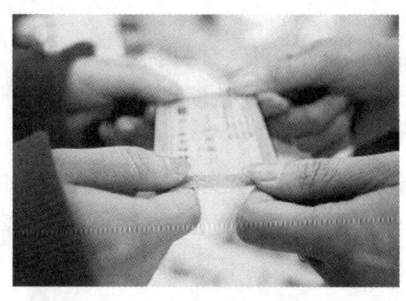

2. 接物的方法

应做到

恭恭敬敬，双手接过，并道谢。

（1）接受奖品、奖状时，用双手去接，行鞠躬礼，然后转过身体，面向台下，将奖状高举过头向大家展示，然后双手拿好贴在胸前。

（2）接受他人名片时，应当双手捧接，然后认真观看，以表示对赠送者的尊重，还可就名片上的某问题当面请教。看过名片后，要仔细地把名片放在名片夹里，并表示谢意。应通过接受名片时的动作与表情来显示对对方的尊重。

（3）接受其他物品时，应恭敬地用双手去接，同时点头示意或道谢。

练一练

两人一组，分出角色，模拟男士向女士递送文件、下级向上级递送文件、晚辈向长辈递送文件等场景。

三、电话礼仪

1. 拨打电话的礼仪

（1）合理选择时间。给个人打电话，白天宜在早晨 8 点以后，晚间宜在 22 点以前，以免受话人不在或打扰受话人及其家人的休息。给单位打电话时，应尽量避开刚上班或快下班的时间，还要特别注意其所在地与国家的时差和生活习惯。

（2）拟好通话要点。在通话中应说些什么，一次电话该打多久，打电话前应有"腹稿"。打电话之前，要核对所打电话号码，以免打错。

（3）语气亲切、柔和。通话前调整好自己的情绪，要热情友好。

（4）使用规范语言。电话拨通后，应先向对方问候："您好！"接着问："您是×××单位吗？"得到明确答复后，再报自己的单位和姓名，然后报出受话人姓名。

（5）保持体态优雅。打电话时应姿态端正，面带微笑，养成左手拿话筒的习惯，嘴和话筒之间保持 3cm 左右的距离。

（6）了解对方的处境。如电话交谈的内容较多，应询问对方"请问现在谈话方便吗？"，若对方回答"不方便"，应以商量的口吻再另约时间，或约对方待会儿再打过去。

（7）拨错电话应表示歉意，并说"对不起！"、"打扰了。"等。

（8）受话人不在时，可请人转告，留言要简洁明了，讲清自己的姓名和电话号码，或表示过一会儿再打。

（9）礼貌结束通话。打电话的一方，应该先结束话题，说些如"拜托了"、"打扰了"、"谢谢"、"再见"等礼貌用语，终止通话。放下话筒时，应使用双手轻放。

2. 接听电话的礼仪

（1）及时接听。电话铃响后应立即接听，应遵循"铃响不超过三声"原则。

（2）礼貌应答。拿起话筒后，应说一句礼貌用语"您好！"，再报本单位的全称或规范简称及个人姓名，让对方明白是否打对了电话，注意礼貌用语。

（3）专心接听电话。拿起电话时，请中断和身边其他人的交谈。

（4）做好记录。接听电话时，一边交谈，一边正确记录电话内容，电话的记录应简洁明了：何时何人何事何地如何处理，并将重点内容复述一遍以确保记录准确。

（5）认真对待代接电话。

（6）让对方先挂断电话。当电话交谈结束时，可询问对方"还有什么事吗？"等，这样既尊重对方，又提醒对方。最后说"再见！"，等对方放下电话后，自己再挂机。

3. 移动电话礼仪

（1）注意场合。在一些特定的公共场所，如教学场所（课堂、自习室、实验室、图书馆）、影院、音乐厅、会议室、礼堂、法庭等需要保持安静的场合应将手机关闭，或转换到振动挡。

飞机上应关闭手机，以免干扰通信，影响飞行安全。同样，在医院、加油站也应关闭手机。在开启手机时，还应注意周围有无禁止无线电发射的标志。

（2）注意通话方式。在公共场合使用手机时，应侧身通话，调低音量，压低嗓门，对方能听清楚即可，尽量少用"体势语"，让干扰减少至最低。

（3）注意文明携带。手机应放在自己随身携带的公文包内。

四、进出房间礼仪

无论房门是开着还是关着，进门之前要先敲门，得到允许后方可进入。进入房间后应向室内所有的人员问好，然后径直走到你要找的人身旁或桌边，或入座在主人指定的座位上，轻声对话。对话结束后应道别，再转身离开。出门时应请主人留步，并将门轻轻关上。

应注意

未经允许私自进入他人房间或办公室，随意乱翻室内的物品，随意将自己携带的书包、物品放在桌面上，进入房间后大声喧哗，离开时不关门或将门用力地关上，这些都是失礼或不妥的表现。

 **阅读思考**

你有没有在通话中让人产生不良印象和感觉没有修养的行为和表现？

（1）不报姓名，用"是我"代替姓名。

（2）单方面无礼貌地中断电话，不给别人反应机会。

(3)"一心多用",同时和身边的人讲话,而不说"对不起,请等一下"。
(4)保证过会儿再打电话,但过时不打,让别人久等。
(5)讲话时,长时间不出声音。
(6)打错电话时不说"对不起,打错了"就挂断。
(7)来电只留姓不留名,或不留姓名却希望别人回电话。
(8)打电话时,嘴里吃东西。
(9)接电话后,滔滔不绝地讲,使别人没有机会反应。
(10)在不适宜时打来电话,表示就"两句话",却没完没了地说。
(11)结束电话时,猛地放下电话,声音刺耳。

 学有所获

做一做:请两名同学模拟打电话的场景,请全班同学观看并按礼仪规范指出做得好的或不足的地方。
_____

本课关键词集成:_____

 学以致用

判断题(括号内正确的画"√")。
(1)微笑是世界上最美的语言。( )
(2)打电话时,因为互相看不见,所以不需要注意礼仪。( )
(3)代接电话时要用手捂住话筒,然后通知受话人。( )
(4)如果给客人递水果刀时,应把刀把对着别人。( )
(5)在庄重场合关闭手机是有修养的表现。( )
(6)接听电话应当遵循"铃响不超过三声"原则。( )
(7)接听电话后应先挂电话。( )
(8)进出他人房间时,如果门是开着的,可以不用敲门。( )

练一练:小组自创情景,用到本课的礼仪。

任务六 餐桌上的礼仪

 学习导航

民以食为天,但是"吃相"很重要,特别是在文明社会,吃饭不仅是为

了生存，同时也彰显了文明程度。

 **案例导学**

某男士参加宴会，在宴会开始后，他为了吃得更畅快，在座位上先是脱掉了西装外衣，后来又摘下了领带。在用餐的过程中，他一边嚼着东西一边与左右的人说话，手中的筷子还在空中不断挥舞着。他的行为引起同桌人的侧目。

一、中餐礼仪

1. 中餐进餐时的礼仪

（1）适度修饰。外出用餐时，无论是赴宴还是聚餐，都应进行适度的个人修饰，以保持个人形象整洁、优雅。

（2）准时抵达。要准时到达宴会或聚餐地点。如无特殊原因，切勿早退。

（3）礼让就座。如是正式的用餐活动，要遵从主人的安排就座，或按照主办方事先的桌次、位次就座。如果没有事先安排，或者是家人、朋友聚会，也应与其他人彼此谦让入座。一般需等主人、主宾、尊长就座后再入座，或与大家一道就座。

（4）入座后坐姿端正。

（5）文明使用筷子。在用餐过程中，如果暂不用筷子，应将其整齐地摆放在筷子架上或饭碗旁边，切不可放在饭碗上。

（6）进餐时要注意吃相。应闭嘴咀嚼，喝汤时不要发出声响，如汤太烫，可等稍凉后再喝。当服务员上菜或主人夹菜时，不能拒绝，取少量即可，并说："谢谢，够了。"万一忍不住打嗝、打喷嚏，应立即向周围人道歉。

（7）湿毛巾只能用来擦手，水盂是在上龙虾、水果等时用来洗手指的，其用法：将双手手指尖轮流放入水盂中涮洗，然后用餐巾擦干手指。

（8）最好不在餐桌上剔牙。牙签在万不得已才使用，应用手或餐巾掩住嘴。

（9）喝酒时注意适可而止，不要劝酒。

2. 中餐上菜顺序

中餐通常先上冷盘，再上热菜、汤，最后上点心和水果。即便桌次再多，各桌也要同时上菜。上菜是从女主宾开始的。如果没有女主宾则从男主宾开始。上菜一般从主宾的左侧上，饮料从右边上。新上的菜要先放在主宾面前，并介绍名称。如果上全鸡、全鱼菜时，应将其头部对准主宾或主人。宴请开始时，为所有的来宾斟酒。

二、西餐礼仪

西餐台上餐具的摆放与中餐有很大不同。国际上常见的西餐餐台摆放方法是：座位正中的垫盘上放餐巾（口布）；盘左放叉，盘右放刀、匙，刀尖

人生启迪

看了这则小故事你有什么看法？讨论分析，想一想我们就餐时是否有相同的情况？并试着回答：你知道吃中餐、西餐或自助餐时有哪些礼仪要求吗？

向上、刀口朝盘,主食靠左,饮具靠右上方;正餐的刀数目应与上菜的道数相等,并按上菜顺序由外至里排列。

用餐时也应从外向里依次取用。饮具的数目和种类也应根据上酒的品种而定,通常的摆放顺序是从右起依次为葡萄酒杯、香槟酒杯、啤酒杯(水杯)。西餐最需要注意的是如何正确使用叉、刀、匙、杯。

1. 西餐进餐时的礼仪

(1) 在用餐前正确使用餐巾。主人铺开餐巾,暗示开餐。

应做到

将餐巾折叠一下(可折成三角形或长方形,开口向外)放在双腿上。注意这一程序应在桌下操作,用餐时可用餐巾的一角擦嘴。用餐过程中若想暂时离开座位,可将餐巾搭放在自己的椅背上,表示你还要回来;若将餐巾放在餐桌上则表示你已用餐完毕,服务员则不会为你上菜。

(2) 正确使用刀叉。在正规西餐宴会上,讲究吃一道菜要换一副刀叉。也就是说,吃每道菜时都要使用专门的刀叉,不能胡拿乱用。西式快餐、工作餐则只配一套刀叉。

刀叉的正确用法如下:

①英式用法。这种用法较为正规,在进餐时始终右手持刀,左手持叉,从左侧切割,一边切割,一边叉而食之,切的食物最好适量,一次入口。

②美式用法。这种用法是把餐盘里要吃的东西全部切好,然后把右手餐刀斜放在餐盘前方,将左手餐叉换至右手,然后用餐叉取食,这种方法较省事。不管使用哪种方式,都应是双肘下沉,同时要注意切割食物时不要弄出声响。

③与人交谈时放下刀叉。放法是刀右叉左,刀口向内、叉齿向下,呈"八"字形摆放在餐盘之上,意即用餐未毕。如果就餐完毕,则刀口向内、叉齿向上,刀右叉左,并排纵放或并排横放在餐盘上,意即让侍者收拾刀叉餐盘。

应避免

左右开弓使用刀叉;将食物用餐叉叉起后再一口一口咬着吃,或用刀扎着吃,将刀叉摆成"十"字形。这些都是失礼或不妥的表现。

(3) 正确使用餐匙。在西餐里,餐匙除可以饮汤、吃甜品外,不可以直接舀取其他任何主食、菜肴。

应做到

用匙取食时,要适量,将餐匙的前端入口,入口应以食物就身体。已用的餐匙,应放在餐盘的右侧。

应注意

将已用的餐匙放回原处,或将其插入主食菜肴和盘杯之中;用匙在食物中搅来搅去；取用食物过量，造成食物不能一次入口；俯身去就食物。这些都是失礼或不妥的表现。

（4）正确吃色拉、水果和面包。

应做到

将大片的生菜叶切成小块，或用叉子压住，用刀将叶子一层一层折成小块，以方便食用。将整个水果先切成小瓣，用叉取食。用手去取面包，之后掰着吃；用专用的黄油刀抹黄油。

（5）正确使用汤匙。

应做到

以右手握汤匙，汤匙应由内向外舀汤，然后送入口中饮之。若汤盘内的汤所剩不多时，可用左手由内侧托起汤盘，使盘子稍向外倾，然后用右手握汤匙舀之。

应避免

喝汤时发出声响，用嘴吹汤以使它降温，这些都是失礼或不妥的表现。

2. 西餐上菜顺序

（1）头盘。也称开胃品或开胃菜，即开餐的第一道菜。

（2）汤。西餐中汤可分为冷汤类和热汤类，也可分为清汤类和浓汤类。

（3）色拉。为凉拌生菜，具有开胃、助消化的作用。

（4）主菜。又名主盆，是全套菜的灵魂。

（5）奶酪、甜点。甜点有冷热之分。

（6）咖啡或茶盘。

3. 自助餐礼仪

应做到

（1）要排队取菜，先领取自用食盘，之后排队，自由选食享用。

（2）要用公用餐具将食物装入自己食盘。

（3）要顺序取菜，通常是先了解情况，再按冷、热、汤、点心、甜食、水果等顺序取食。

（4）按自己的口味适量而取，多次少取为好。

应注意

挤抢；用自用餐具取食品；一次取用过多；将食品带离现场。这些都是失礼或不妥的表现。

 **阅读思考**

不要将筷子指向他人，或拿着筷子来回挥舞；不要用筷子敲打桌面或盘碗；不要把筷子交叉放在桌子上；不要用筷子插东西吃；不要把筷子插放在食物或菜肴中；不要一口接一口连续夹取菜肴。不要用筷子在菜盘中来回翻

动；取用食物时不要举着筷子作思考状，筷子在餐桌上晃来晃去，不知道该夹哪个菜好，然后来回挑选取用食物；不要用嘴舔筷子或把筷子含在嘴里；不要用筷子剔牙；不要把筷子拿在手里扭来扭去地把玩；不要用筷子移动餐具等。在用餐过程中，如果暂不用筷子，应将其整齐地摆放在桌子上或饭碗旁边，切不可放在饭碗上。

 学有所获

想一想：你在吃饭时有哪些习惯不符合礼仪规范要求？归纳出来，并逐渐克服。

_____

本课关键词集成：_____

 **学以致用**

判断题（括号内正确的画"√"）。

(1) 安排中餐时桌子再多，也要同时上菜。　　　　　　　（　　）
(2) 出去吃饭，也不是应酬，可以不修边幅。　　　　　　（　　）
(3) 筷子不用时，可以放在碗上。　　　　　　　　　　　（　　）
(4) 使用牙签时，要用手或餐巾掩住嘴。　　　　　　　　（　　）
(5) 喝汤时，汤太烫，可以用嘴吹冷再喝。　　　　　　　（　　）
(6) 吃西餐时，餐巾搭放在自己的椅背上，表示你用餐没结束。（　　）
(7) 吃西餐时，可以将刀叉交叉摆放。　　　　　　　　　（　　）
(8) 享用自助餐时，应多次少取，不能把食物带走。　　　（　　）

做一做：根据本专业特点，模拟中餐西餐就餐过程，相互评价。

项目三

尊重他人，融洽人际关系

 **单元导读**

不论在什么地方，如果你想受到尊重，那就请先去尊重他人吧，如此，你一定会得到他人的敬重。

任务一 家庭礼仪

 **学习导航**

家是心灵的港湾,家庭和睦是社会和谐的前提。好好与家人相处,学会尊重家人和邻居,你会感到心灵更纯净!

 案例导学

人生启迪

俗话说远亲不如近邻,近邻不如对门。然而时代的变化让我们封闭了心灵。打开门吧,邻居也是我们的亲人,学会与亲人好好相处吧。

"六尺巷"的由来

《桐城县志略》载文说,张英在北京朝廷任职时,在安徽桐城的家人和邻居因建房占地闹起纠纷,互不相让。张家人便给当大官的张英写信讲了此事,请他出面干涉。张英看信后,并没有倚仗自己官威欺压邻居,而是回信说:"千里来书只为墙,让他三尺又何妨?万里长城今犹在,不见当年秦始皇。"张家人看完,便主动让出三尺空地。邻居深受感动,也将墙退回三尺,两家和好如初。这就是"六尺巷"的由来,此事至今传为美谈。

 **知识导播**

一、学会感恩

1. 在家庭中,晚辈应当尊重长辈

一个和睦相处的家庭,长辈与晚辈的关系是融洽的,彼此可以畅所欲言。但在任何时候也不能忘记对长辈应有的尊重。对于长辈的关心,晚辈应当表示理解和感谢。见到长辈的朋友,晚辈要表示尊重。有人说,我记在心里就行了。这种观点是错误的,感激之情需要用行动和语言来表达,这些是不可缺少的。

2. 对长辈的关心要以关心来回报

晚辈至少要记住父母的生日和结婚纪念日,专门向他们表示祝贺,使长辈感受到晚辈的爱意。再忙,也不能忘掉这些纪念日。

晚辈要体贴父母、长辈,要做些力所能及的家务劳动,学会处理个人的生活琐事,减轻父母的劳苦;同时,要善于理解父母,尽可能帮助家长排解苦闷和解决麻烦。

3. 生活中对父母要讲礼貌懂礼节

有事出门之前,要告诉长辈一声,并且说一声"再见"。办完事或放学回家,也要告诉长辈,以免其操心。当父母严肃批评子女时,子女应恭恭敬敬地虚心接受正确的意见。晚辈如果感到长辈有错的地方,也不应当当面与之争吵。

家庭礼节的核心是爱与尊重。中国家庭关系稳定、和谐是令许多外国人佩服的。敬老爱幼是我们中国家庭的传统美德。

二、宽容温馨

(1) 互敬互爱。夫妻共同承担对家庭、家庭成员和社会应尽的义务。

(2) 子女、晚辈对父母、长辈不仅在物质上要赡养,在精神上也要尊重与关爱长辈。

(3) 家庭成员要加强个人修养,自觉培养热情礼貌、热爱学习、积极锻炼、主动交流、遵守纪律、热爱劳动、机智果敢、自强自立等优秀品质,在儿童面前成为他们学习的榜样。

(4) 勤俭持家。勤俭持家是中华民族的传统美德。我国古代有很多崇尚勤俭的典故流传至今。在家庭生活中,热爱劳动、勤俭节约是好习惯。

三、健康生活

健康,是身体上、精神上和社会适应方面的一种完好状态。因此,健康的生活应该包括躯体的健康、心理的健康,并能很好地适应社会环境,能完美地进行社会活动和人际交往,有正确的消费观、审美观等。保持健康的生活,是保障家庭生活幸福的基本条件。

想一想

怎样才能实现健康的生活呢?

四、团结邻里

常言说得好,"远亲不如近邻","千金买亲,万金买邻"。邻里关系好,等于提高生活环境质量。搞好邻里关系一向被人们认为是生活美好和谐的重要条件。

> **名言警句**
>
> 礼貌使有礼貌的人喜悦,也使那些人以礼貌相待的人们喜悦。
>
> ——孟德斯鸠

1. 尊重邻里

邻居相处,见面要热情打招呼,问好、问安,诚心诚意地尊重他们,尤其是要以诚相待,邻里有困难,要主动帮助解决;邻里有人生病,要主动前去探望问候;邻里遇到危险、灾难,要勇于出面救助;遇到邻里有喜庆事时,应热情祝贺等。

2. 邻里之间要互谅互让

日常生活中琐事很多,少不了要打扰别人或麻烦别人,也少不了利益之争,每个人都应采取谅解的态度。

应做到以下几方面。

(1) 严于律己。比如入夜以后,说话要压低声音,录音机、电视机、卡拉OK机等电器的使用要有节制,以免影响他人休息;在楼里居住,楼上的住户走动或移动家具要轻;在阳台上浇花、晾晒衣物,要注意楼下是否有人、有东西等;要主动保护环境卫生,应多为他人着想。

(2) 宽以待人。若是邻里在上述方面有失礼之处,要给予谅解,不得已要出面告知时也要语气和蔼,好言好语,以免为此伤了和气。

(3) 逢年过节宜相互拜访。遇上公益之事,应该抢在前面,主动为大家服务。

总之,与邻里相处要以他人利益为重,相互间真诚相待。这样,必然会给你带来许多愉快,会使生活空间更加宽阔、和谐、圆满。

 **阅读思考**

在家中喂养宠物,应遵守有关规定并处理好与周围邻居的关系。

(1) 首先是严格按照有关规定饲养管理宠物。

(2) 对宠物进行定期的免疫和祛虫,要打免疫疫苗。要定期对环境进行卫生消毒。

(3) 要提高我们个人防护意识,注意个人卫生,勤洗手,尤其是在接触犬、猫和宠物用品之后一定要及时洗手。虽然犬和猫是我们人类的朋友,但是也要和它们保持一定的距离,不要过分亲热,防止被咬伤。

（4）及时清理宠物排泄物。如果是在户外，在宠物大便之后，别忘了把排泄物放在塑料袋之中，并丢入垃圾箱。

（5）在饲养宠物的时候，要关注宠物的利益，更要关注他人的利益。

读后感：我们喜欢动物，人与动物可以友好相处，但是我们不能因为个人的爱好而影响了别人的生活。

学有所获

想一想：每个人都写一写对父母最想说的话或最想做的事，并相互交流。

本课关键词集成：

学以致用

判断题（括号内正确的画"√"）。
（1）邻里之间要相互体谅，不能老死不相往来。　　　　　　（　）
（2）在家庭里，不管父母，还是子女，都要相互尊重。　　　（　）
（3）子女只要在物质上满足老人的要求，就行了。　　　　　（　）

做一做：收集一篇社会上关于"感恩"的人物事迹或文艺作品，认真学习并在班上交流。

任务二　校园礼仪

学习导航

初步理解校园礼仪的规范要求。学会在学校利用礼仪知识与老师和同学友爱相处，从而为和谐校园做出应有的努力。

 **案例导学**

文明课堂活动

人生启迪

作为一名职业学校的学生，我们应该自觉遵守校园各项礼仪规范。学生在学校不仅要学习专业知识、文化知识，还应具有道德知识，讲礼貌、懂礼貌，使学校形成良好的风气。在礼仪的规范下，养成讲文明、懂礼貌，重礼仪的道德观念和行为习惯，掌握校园各项礼仪规范。

某学校在2009级新生中开展了以"正学习风气，创文明课堂；文明伴我行，课堂礼仪在我心"为主题的文明课堂活动，目的在于营造文明课堂的氛围，促进教师和学生的交流。

此次创建文明课堂，活动内容丰富，主要有前期倡议、中期实践和后期反馈三大环节。前期倡议环节以海报横幅等宣传方式加以宣传，如在寝室张贴温馨贴士，提醒大家注意课堂文明；倡议班级召开"文明伴我行，课堂礼仪在我心"的主题班会，倡导学生自觉遵守课堂纪律，提高全体学生创建文明课堂的意识。中期实践环节，鼓励班级成立学习小组，互相帮助，互相监督；在教室张贴标语，如"瞌睡是奢侈的岁月，知识是充实的美丽"、"文明课堂，你我先行"、"课内睡梦十分钟，将来要补十年功"等，提示学生注意课堂纪律，提高课堂学习效率；拟写若干文明课堂短信，以温馨提醒的形式在同学中转发。后期反馈环节进行了文明课堂的调研，向学生了解他们对课堂纪律的评价及建议。

此次活动成果显著，通过大力宣传，学生逐步树立了文明课堂的意识，上课睡觉、玩手机等现象没有了，更多的是投入到课堂的学习中去，使得学校的学风大有改观。

 **知识导播**

一、整洁有序，文明课堂

（1）课堂上，学生要衣着整洁、坐姿端正。

（2）教师走进教室，班长喊"起立"，全体学生应立即起立站直（教室条件好的应站立在行距中间，起立时不得让桌椅发出很大的声响），向老师行注目礼，待老师回礼后再坐下。坐下时动作要轻。

（3）迟到的同学应先在教室外喊报告，待老师允许后方可进入教室。

（4）认真听讲，参加各教学环节的活动。

（5）有疑问提出或回答问题时，应先举手，经老师同意后起立发言。若与老师讲述的内容有异议，应课后交流，注意态度要诚恳、谦虚恭敬。

（6）下课铃响，在听到老师说"下课"，班长喊"起立"，同学们起立站好，向老师行注目礼，待老师离开课堂后再自由活动。

（7）在教室里要随时保持安静，整洁，维护教室良好的学习环境。

二、尊敬老师，友爱同学

1. 尊敬老师

（1）认真听课。听好每一节课，这是对老师劳动的最大尊重。

（2）独立完成作业。学生应该按时、认真、独立地完成各种作业，并且认真体会老师在作业上悉心批阅之处。这同样是对老师的一种尊重。

（3）虚心接受老师的批评教育。老师对每一位学生提出的鼓励或者批评，都是为了帮助学生尽快地成长起来。学生应虚心接受老师的批评帮助，认真地改正自己的缺点错误。老师的批评若与事实有出入时，学生要在老师讲过之后平心静气地加以解释，或在事后寻找适当的场合、时机加以说明。

（4）言行有礼貌。

2. 友爱同学

在校学习时，同学们朝夕相处，是亲密的伙伴，彼此应以礼相待，注重文明礼貌。

（1）相互尊重。同学间应互相尊重，不伤害他人的自尊心。男女同学之间交往、谈吐举止要有分寸，交往要大方得体，开玩笑要讲究尺度。

（2）和睦相处。与同学应和睦相处，友爱团结。校内生活中，同学们要互帮互促，共同进步。有意见分歧时，可心平气和地讲道理。

（3）学习上互相帮助，相互之间应虚心求教。学习好的同学要保持谦虚的态度，同时要主动帮助学习有困难的同学。

（4）礼貌相待。同学之间应礼貌相待。借用学习用品时，应先征得同学的同意再拿，用后及时归还，并要致谢。

（5）自觉维护校园秩序。课间休息时，在楼道内行走要靠右慢行，遇到同学时，应放轻脚步慢行、礼让。

（6）积极参加集体活动。参加校内各项集体活动，要遵守时间，不迟到，不早退，要谦让有礼，有秩序地行进。老同学要照顾新同学，大同学要爱护小同学，男同学要谦让女同学。

三、明辨是非，维护正义

1. 辨别是非的能力是公民必须培养的一种重要能力

"是"即正确，"非"即错误。明辨是非，正确的坚持，错误的反对。在一个人的生活历程中，会经常遇到各种错综的矛盾和各种复杂的问题，同学们应培养自身明辨是非的能力。

2. 正义能够维护社会的秩序，推动社会的进步

在学校、社会生活中，坚持正义，对邪恶势力进行压制，对正直善良的行为给予关注和支持。作为一名中职学生，在学校和班级生活中，要勇于做"正义使者"，为弘扬班级正气、建设优良班风，挺身而出，尽力尽责。

四、爱护集体，服从大局

一个人的成才和成功，都离不开集体。学校是个大集体，班级是个小集体，为集体着想，就能汇成巨大的力量。作为学生，关心集体可以表现在很多方面。

（1）一定要珍惜集体的荣誉，树立学校光荣我光荣、班级光荣我光荣的思想。

（2）珍惜每一次参加集体活动的机会，重视自己对集体活动的参与程度，消除对参加集体活动的消极情绪，在集体活动中展示自己的才华。

（3）把自己的学习与进步同集体的得失联系在一起，不拖集体后腿。

（4）当因承担班级工作而与自身利益产生矛盾时，要以班级工作为重，合理安排自己的事情。

（5）在集体中善于发现同伴的优点，学习同伴的长处，学会体谅与理解，与同伴友好相处，避免与同伴发生矛盾冲突。

（6）在集体中，个人的行为不能影响他人的正当活动。大家在一起活动时，要遵守一定的规则，否则活动就无法进行。在规则和纪律面前，个人必须克制自己的欲望和行为，否则就会遭到大家的排斥。

（7）关心学校、班级。比如，看到正在滴水的水龙头或大白天正在亮着的电灯，随手将其关掉；看到地面脏了或有纸屑，应动手打扫一下或弯腰捡起；看到有同学玩危险游戏，应及时制止等。

做一做，想一想

（1）收集尊师的警句格言，并向全班同学做介绍。

（2）作为一名中职学生，在集体生活中，我们应该充当一个什么样的角色？

学有所获

想一想：在学校生活中，我们应该怎样做一名合格的中职生？
_____

本课关键词集成：_____

 **学以致用**

判断题（括号内正确的画"√"）。
(1) 学生要尊重老师的劳动成果。　　　　　　　　　　（　　）
(2) 同学之间关系好的，可以相互称兄道弟。　　　　　（　　）
(3) 现在提倡个性，所以在学校可以我行我素。　　　　（　　）
(4) 爱校如爱家，要维护学校、班级的荣誉。　　　　　（　　）

想一想：如果我们全校同学正在学校大礼堂中参加开学典礼，忽然会场停电了，此时一片漆黑。几十秒钟后，电路恢复了正常。设想一下，遇此情景我们应该怎么做呢？
_____
_____

任务三　交往礼仪

 **学习导航**

通过本节学习与人交往时的各种礼节，如见面握手称呼等，从而掌握与人交往时的各种礼节规范，培养良好的人际交往形象。

 **案例导学**

金正昆教授自述故事（二）

我跟我太太去参加一个活动，那边过来一男士，他跟我打招呼："金教授你好。"突然想起来了，这个人我见过，但是叫什么名字我给忘了。但我马上跟他说："哎哟，先生你好，非常高兴地见到你，介绍一下，这是我太太，她叫某某某。"

人生启迪

与人交往尊重是第一原则，在交际场合，如果我们忘记了别人的名字，我们可以使用其他礼节（如致意、点头等）来进行沟通。

将欲取之，必先予之。我把我老婆的名字跟他说了一下，他自己就会报了："哎哟，夫人你好，我叫李军，我是金教授的朋友。"

 知识导播

一、见面礼

基本的见面礼有以下两种。

1. 致意礼

致意礼无论是对相识的人还是初次见面者，都是一种表达友好和礼貌最常用的礼节。

1）点头致意

在公共场合遇到相识的人而相距较远时，与相识者在一个场合多次见面时，与一面之交或不相识的人在社交场合见面时，均应微笑点头向对方致意，以示问候。

2）欠身致意

欠身致意是一种表示致敬的举止，多用在被他人介绍，或是主人向客人奉茶的时候。

3）举手致意

行举手礼的场合，与行点头礼的场合大致相似，它最适合向距离较远的熟人打招呼。行举手礼时应做到：右臂向前上方伸出，右手掌心向着对方，四指并拢，拇指微张，轻轻向左右摆动一两下即可。

4）注目致意

注目致意主要用于升国旗、剪彩揭幕、庆典活动等。

2. 握手礼

在现代交往活动中，握手礼已经成为人们最常用的一种见面礼，同时也有向他人表示祝贺、慰问、感谢和鼓励的情意。

1）握手的方式

（1）单握式握手，这是最普通的握手方式。

（2）双握式握手。双握式握手，通常传递的是一种热情真挚、尊敬感激之情，如在向他人表示深深的谢意或慰问时。行礼时应做到：主动握手者用右手握住对方的手，左手握住对方右手的手背处。

2）握手的次序

在比较正式的场合，行握手礼时最为重要的问题是握手的双方应当由谁先伸出手来"发起"握手。在与他人握手时，轻率地抢先伸出手去而得不到对方的回应，那种场景一定是令人非常尴尬的。

握手时双方伸手的先后次序大体包括如下七种情况。

（1）上级与下级握手，应由上级首先伸手。
（2）年长者与年幼者握手，应由年长者首先伸手。
（3）长辈与晚辈握手，应由长辈首先伸手。
（4）女士与男士握手，应由女士首先伸手。
（5）已婚者与未婚者握手，应由已婚者首先伸手。
（6）社交场合的先到者与后来者握手，应由先到者首先伸手。
（7）主人与客人握手，来访时应由主人首先伸手，离去时应由客人首先伸手。

3）握手的禁忌
（1）握手时用左手与他人相握。
（2）握手时戴着手套与他人相握（只有女士在社交场合戴着薄纱手套与人握手，才是被允许的）。
（3）与多人握手时，交叉相握以及跨门槛握手。
（4）拒绝与他人握手。
（5）只握住对方手指尖。
以上行为都是失礼或不妥的表现。

二、介绍礼

介绍是人们相互认识、彼此建立友谊的一种社交方式。在人际交往中，无论是采用自我介绍的方式，还是他人介绍的方式，都应遵守必要的礼节。

1）自我介绍
（1）自我介绍的内容。确定自我介绍的具体内容，应做到兼顾实际需要、所处场景，还应具有鲜明的针对性，应避免"千人一面"，一概而论。
（2）自我介绍的礼仪。恰到好处地进行自我介绍，介绍时要注意把握时间。如无特殊情况最好不要长于1分钟。如果是求职面试，自我介绍的内容可以丰富些，但时间也应控制在3分钟以内。

2）他人介绍
他人介绍又称第三者介绍，它是经第三者为彼此不相识的双方引见、介绍的一种方式。

（1）介绍顺序。在事先了解双方的基本情况和意愿后，为他人作介绍时，介绍的顺序通常为：先介绍地位、职务低的，再介绍地位、职务高的；先介绍晚辈后介绍长辈；先介绍男士后介绍女士；先介绍客人后介绍主人。如可以说"王经理，请允许我向您介绍，这是小刘。小刘，这位是王经理"。

（2）介绍的姿态。

应做到

向他人作介绍时，用手掌示意。即无论介绍哪一方，都应掌心向上，四指并拢，拇指微张，指向被介绍一方，同时眼神要随手势转向被介绍一方。

 阅读思考

送花，在一般场合是送一束，如拜会朋友、参加宴会、探慰病人等；若有一定私交而只是表示友谊的情感时，可以送一枝；正式场合下，如就职典礼、开业致庆、红白喜事等可以送花篮或花圈，以示隆重；送花可以是亲自选送，也可以是请花店代送。送鲜花是最好的，也可以送绢花，但不能送塑料花。

送花要根据地域、风情、习俗、目的的不同而区别开来，并注意从鲜花的文化内涵、颜色、数目、品种以及场合、对象等方面加以考虑，才能送得恰当、拿着舒心，从而表现出较高的品位和情调，以达到融洽人际关系的目的。

送花时，送花者还需关注送花的"花语"与送花者所要表达的思想感情是否一致。

想一想：中国的十大名花是：_____
_____

说出我国几种花的花语：_____
_____

 学有所获

议一议：小组分角色扮演不同的人物，进行见面和介绍，握手等礼仪规范模拟场景，相互评价，总结不足，说说我们应该注意什么？
_____
_____

本课关键词集成：_____

 **学以致用**

判断题（括号内正确的画"√"）。
（1）欠身致意时，如果是坐着，可以不用站起来。（　）
（2）握手礼时要注意顺序，年轻人不可主动向老年人先伸手。（　）
（3）握手时，女士在冬天如果戴手套，可以不用取下来。（　）
（4）对方的母亲可称为家母。（　）
（5）自我介绍时如无特殊情况，最好不要超过1分钟。（　）
（6）介绍他人时，如果是男士和女士同时介绍，要先这样说："李女士，这位是张强先生。张先生，这位是李傅女士。"（　）
（7）送礼就表示一种敬意，所以礼品一定要贵重。（　）

练一练：将不同的身份做成小纸条，两人分别抽出，并按纸条中所示扮演不同身份的角色，如男生和女生、上级和下级、长辈和晚辈、主人和客人，练习不同角色之间行握手礼时的伸手顺序。

查一查：上网收集送礼的礼仪和风俗。

任务四　沟通礼仪

 **学习导航**

通过学习，学会与人沟通，从而提高与人沟通的能力，培养良好的交际礼仪形象。

 **案例导学**

这个电话打动了领导

一位年轻漂亮的大学生去一家企业应聘公关部文员。面试到一半时，负责人假意有事外出，吩咐如果有电话请接一下，负责人离开之后打了个电话到自己的办公室。女大学生在电话里委婉的声音、礼貌规范的接听技巧令负责人非常满意。女大学生赢得了她心仪的职位。

人生启迪

良好的沟通是现代人的处事方式，也是不可或缺的礼仪规范。

 知识导播

一、谈吐礼仪

语言是人类社会活动最普遍、最基本、最重要的交际工具。语言可用来表达感情、交流思想、沟通信息,其目的是通过传递尊重、友善、平等的信息,给人以信任感,进而影响对方接受自己的观点、计划、信念,使利益关系在相互理解、和谐、适应的过程中得以体现。

1. 精神专注

应做到

讲话时或倾听时,思想集中,用心思考;使用得体的目光和语调认真地对待谈话和倾听者。听者要全神贯注,专心聆听,以耐心鼓励的目光等待对方说完,必要时以"哦"、"太好了"、"是吗"等作为陪衬,以示对谈话者的尊重和对谈话内容感兴趣。

应避免

听别人讲话时糊弄应付,打断、抢白别人的谈话,这些都是失礼或不妥的表现。

2. 态度坦诚

应做到

认真、坦率、文雅,讲实话,讲心里话,讲肺腑之言。

应避免

虚情假意、言不由衷,这些都是失礼或不妥的表现,甚至会出现"话不投机半句多"的尴尬局面。

3. 亲切动听

充分表现出语言的亲切感要具备三个要素,即节奏感、音量、语速。在互相尊重的基础上,应注意口齿清楚,停顿恰当,要根据听者的远近,适当控制自己的音量,最好控制在对方听得见的限度内;说话的速度要适中,要在主要的词句上放慢速度加以强调,在一般的内容上则可以稍加快说话的速度。说话的音量和音调也应随着内容和情绪的变化而变化,时而侃侃而谈、时而慷慨激昂,并巧妙地利用嗓音来加强语言效果。要注意听者的感受,尽量少用"我"字,少谈"我"的事。

4. 周到体贴

应做到

当同时与几个人谈话时,目光注意到在场的所有人;主动与想和自己说话的人交谈;他人若想参与你们的谈话,应点头示意,表示欢迎;欲加入他人的谈话要上前打招呼;自己谈话时,要注意别人的情绪,适可而止。

应避免

在交流过程中只是关注某个人,冷漠了其他人;随便打断别人的谈话,这些都是失礼或不妥的表现。

5. 有所顾忌

应做到

注意谈话时的禁忌。避免粗俗的语言、关于个人的私生活及隐私、低级的笑话、道听途说的事、背后议论别人、出言不逊、狂妄自大等。

应避免

谈话时无所顾忌、忘乎所以、信口开河,这些都是失礼或不妥的表现,有时还会破坏互相间的情绪和态度,使人感到不舒服。

二、网络礼仪

随着信息技术的不断发展和电脑应用的普及,网络在人类的生产、生活中扮演着越来越重要的角色。网络世界给予人们最大的言论自由,但决不意味着可以肆无忌惮,为所欲为。真诚待人,在网络生活中体现你的人格。

1. 邮件礼仪

正确使用电子邮件,应做到以下几点:

(1) 正确书写。在发出邮件之前,应该重新查看一下邮件内容,确保书写正确。每一封信,都要标明一个主题。这些在使用邮件洽谈生意时尤为重要。

(2) 正确称呼。在第一次同某人用邮件联系时,正确使用主任、处长、先生或女士等称呼。

(3) 谨慎转发。当你转发邮件、分享其内容时,应考虑到这封邮件有没有申明禁止转发,如果有,你应予以保密。

(4) 礼貌回复。回复电子信件时,可适当附带上原文中有关回复的内容,这样别人知道你是为什么而回复的。

(5) 注意工作礼仪。如果单位反对上班时间员工使用私人邮箱,你要自觉遵守这个规定。如果公司允许上班时间使用私人邮箱,也不要给同事或朋友发送过多的私人信件。

2. 网上冲浪礼仪

使用网络,应做到以下几点。

(1) 网上网下行为一致。网上的道德和法律与现实生活是相同的,千万不能认为面对电脑就可以为所欲为。

(2) 礼貌地参与网上论坛和聊天室。网上待人也需要宽容、有礼、顾全他人的面子。争论是正常的现象,要心平气和,以理服人。如果你受到一些恶作剧性的来电、来信的骚扰,可以考虑与网络管理人员联系。

(3) 不随意公开个人信息,尊重他人的隐私;一般情况下不要随意公开自己的E-mail、真实姓名、地址、电话号码等。对于他人的个人信息,应更加注意保密以免给他人带来伤害。

(4) 如果您是论坛或聊天室的管理员，不要滥用权力。

(5) 自卫措施。第一，自觉使用防火墙、杀毒软件，对病毒坚决说不。第二，不轻信传言，对连环信勇敢说不。连环信（即将收到的信复制几份，分别寄给多人，多少天后就会收到一大笔钱等）既低俗又令人讨厌。不仅如此，在有些国家和地区，传播连环信还是违法行为。第三，对邮件广告最礼貌有效的方法是忽视它们的存在。第四，自觉远离不健康网站。

 阅读思考

怎样能够让自己的声音好听，以下介绍几种训练方法。

(1) 气沉丹田，呼吸控制自如。美妙的声音来自正确的呼吸，气息短、坐姿不正确会造成紧张。可以通过练习深呼吸调整你的声音。练习深呼吸，要有一定的呼吸储量，要口鼻共同呼吸。要用丹田呼吸，两肋打开，小腹收紧，肚皮始终是硬的，这就是气息支撑。不管自然条件多么困难，也要把气沉下去。同时，坐如钟，头背一线，双脚自然垂直，深呼吸时不要耸肩。

(2) 朗读。朗读要抒发一种情怀、一种心情，以引起听众的共鸣，所以应在正确、深刻把握、理解内容的基础上，全身心地投入感情。

(3) 练习远近距离感，即朗读要有目标对象。

(4) 加强鼻音练习：an \ en \ in \ un \ ang \ eng \ ing \ ong。

(5) 准确把握平翘舌音：zh \ ch \ sh \ r \ z \ c \ s。

 学有所获

议一议：请同学们收集网络冲浪的小故事，然后交流关于上网的礼仪。

_____

_____

本课关键词集成：_____

 **学以致用**

(1) 你平常上网吗？在使用网络时你有不符合礼仪规范之处吗？找出来，努力克服。

_____

_____

(2) 请按本课内容要求，给老师发一封电子邮件，内容是：你在使用网络时，是如何做的？

_____

_____

任务五　常用礼貌用语

 **学习导航**

常言说：良言一句三冬暖，恶语伤人六月寒。由此可知，礼貌用语的重要性。希望同学们通过本课的学习，能做到和人交流得体大方，体现我们职校学生良好的风度。

 **案例导学**

你要饭吗？

你要饭吗，这句话，是不是很熟悉？有一个服务员，问："请问，你们是要饭还是要面条？"客人生气地说："我们什么也不要，你才是要饭的呢！"这位服务员连连道歉，客人什么话也不说了。

人生启迪

客人为什么生气？你在学习和生活中有没有类似这样的体验，与大家交流一下。

 **知识导播**

一、问候语

问候语是交谈的引入阶段，是交谈的第一程序。一般不强调具体内容，只表示一种礼貌。它简单明了，不受场合的约束。不论是在何种场合，问候表情都应自然、和蔼、亲切、面带微笑。不论是何人以何种方式向自己问候，只要对方是善意的，都应给予答复，不可置之不理。同所有的人见面时，均不应该省略问候。

1. 标准式问候用语

标准式问候用语是在问候前加上人称代词。例如，"您好"、"你好"、"大家好"、"各位好"、"刘先生好"、"王主任好"等。与外国人相见时，最好使用符合国际潮流的问候用语"你好"。

2. 时效式问候用语

时效式问候用语是在一定的时间范围内使用的问候用语。例如，"早上好"、"早安"、"上午好"、"中午好"、"下午好"、"午安"、"晚上好"、"晚安"等。

二、迎送语

1. 欢迎语

欢迎语包括"欢迎"、"欢迎光临"、"欢迎您的到来"、"见到您很高兴"、"恭候光临"、"再次光临十分荣幸"、"刘先生，欢迎您"、"王主任，我们又见面了"等。

2. 送别语

送别语包括"再见"、"慢走"、"您走好"、"欢迎再来"、"多多保重"、"一路平安"等。

三、请托用语

1. 标准式请托语

标准式请托语包括"请稍候"、"请等一下"等。

2. 求助式请托语

求助式请托语包括"拜托"、"劳驾"、"打扰"、"借光"等。

3. 组合式请托语

组合式请托语包括"请您帮我一个忙"、"劳驾您替我扶一下这东西好吗"、"拜托您帮我照顾一下好吗"等。

四、致谢语

当别人为你提供了帮助、方便时；赢得他人理解支持时；得到别人赞美时；接受款待或赠物时，都应表达对他人的感谢。

1. 标准式致谢用语

标准式致谢用语包括"谢谢"、"谢谢您"等。

2. 加强式致谢用语

加强式致谢用语包括"十分感谢"、"万分感谢"、"非常感谢"、"多谢多谢"、"让您替我们费心了"、"难为您了"等。

五、征询用语

在为他人做事或想求得帮助时都应使用征询语，为他人服务也应征询在先，这样做既热情又有礼貌。

1. 主动式征询用语

主动式征询用语包括"需要帮助吗"、"我能为您做点什么"、"您需要什么"等。

2. 封闭式征询用语

封闭式征询用语包括"您觉得这东西怎么样"、"您喜欢这件礼物吗"、

"您不来尝试一下吗"、"您不介意我来帮助您吧"等。

3. 开放式征询用语

开放式征询用语包括"您需要这一种，还是那一种"、"黑、白、灰您喜欢哪一个"等。

六、应答语

1. 肯定式应答语

肯定式应答语包括"是的"、"好"、"我知道了"、"好的"、"听候您的吩咐"、"一定照办"、"明白您的意思"、"很高兴与您合作"等。

2. 谦恭式应答语

谦恭式应答语包括"这是我应该做的"、"请不必客气"、"这是我的荣幸"、"请多指教"、"过奖了"、"您太客气了"等。

3. 谅解式应答语

谅解式应答语包括"没关系"、"不要紧"、"不介意"、"不必，不必"等。

七、赞美语

每一个人都要善于欣赏别人的优点和长处，并且真诚地赞美他人，达到缩短心理距离及"雪中送炭"的作用，特别是当你赞美对方还没有意识到的优势、优点时，对方会由衷感到高兴。

1. 评价式赞美用语

评价式赞美用语包括"太好了"、"真不错"、"好极了"、"相当棒"、"实在太漂亮了"、"非常出色"、"真有眼光"等。

2. 认可式赞美用语

认可式赞美用语包括"还是你懂行"、"您的观点非常正确"、"能得到您的肯定，我很荣幸"等。

名言警句

礼节及礼貌是一封通向四方的推荐信。

——西班牙女王伊丽莎白

八、祝贺用语

1. 应酬式祝贺用语

应酬式祝贺用语包括"祝您成功"、"一帆风顺"、"恭喜恭喜"等。

2. 节庆式祝贺用语

节庆式祝贺用语包括"新年好"、"节日愉快"、"生日快乐"、"新婚快乐"、"预祝成功"等。

九、推托用语

1. 道歉式推托用语

道歉式推托用语是用来直接向对方表达歉疚,求得谅解,包括"对不起,我们这儿没有您要的"、"实在对不起,我那天确实没有时间"等。

2. 转移式推托用语

转移式推托用语包括"您不再点些别的吗?"、"您不考虑别的方面吗?"等。

3. 解释式推托用语

解释式推托用语包括"这已超出我的能力"、"今天时间太紧,不能接受邀请"等。

十、道歉语

在日常生活和人际交往中,有时我们会因为某种原因打扰别人,影响别人,或是给别人带来某种不便,甚至给别人造成某种损失或伤害时,都应使用道歉语。通常使用表达歉意、不安、遗憾的道歉语有"对不起"、"请原谅"、"不好意思"、"抱歉"、"失陪了"、"失敬了"、"多包涵"、"真过意不去"、"太不应该了"、"真是惭愧"等。

 学有所获

请同学们用我们的礼貌用语,模仿在生活中的不同场景,也可以编成小品进行表演。

_____

_____

本课关键词集成:_____

 **学以致用**

(1) 复习上述各类礼貌用语。

(2) 请同学们轮流说礼貌用语,不得重复,看一共能说多少句。

_____

_____

项目四

职场礼仪

 **单元导读**

同学们是否很希望上班后能有一个好的工作环境和人际关系？如果你的回答是肯定的，那么你必须掌握求职面试的方法和礼仪，掌握职场的礼仪规范，为日后走向工作岗位做准备。

认识和学会职场礼仪规范，将使一个人的职业形象大大提高，树立塑造并维护自我职业形象的态度意识。

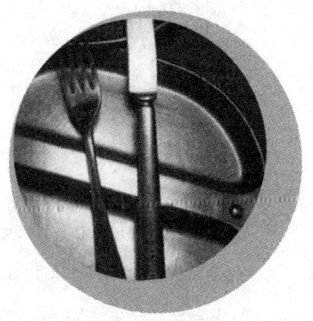

任务一 面试礼仪

 **学习导航**

第一印象很重要哦,面试时一定要注意仪容仪表和日常礼仪,如此,你一定会成功的。

 案例导学

人生启迪

现实告诉我们,良好的礼仪代表了一个人的品质。

他成功了

一家有名的大公司要聘一名办公室文员,一名男生前来应聘。只见男生走到总经理的办公室门前,礼貌地敲了三下门,待里面回答"进来!",他才轻轻推开门,立于门前,认真地蹭掉脚上的泥土,尔后进门并随手关上门。待走近总经理的办公室,男生发现地上有本书,很自然地拾起放到办公桌上,总经理和男生交谈了几句,这时有人敲门说找总经理,门一开,一位残疾老人蹒跚而入,男生连忙自然起身搀扶老人,且让座于他。当男生走出办公室,人力资源部部长进来准备请示总经理再面视下一个人时,总经理微笑着说:"不用了,刚才的男生合格了!"

 **知识导播**

一、面试前的准备

1. 了解自己的选择,尊重自己的选择

想一想

你了解自己,知道自己想要从事什么职业吗?

_____

2. 个人简历(履历表)、求职信的书写礼仪

简历是一个人向组织说明自己经历或有关部门向上级、公众介绍一个人的经历时所用的一种实用文体。

求职信,也称自荐信,实际上就是自我介绍信,带有明显的自我推销色彩,其目的在于激发起用人单位对你的兴趣,从而最终被录用。

求职信的内容一般包括以下四个方面。

(1) 应聘原因。

(2) 求职者的个人简单材料。其内容应包括姓名、性别、学历、年龄,以往工作单位、职务和社会工作能力、专长、爱好等,应突出对应聘有利的条件。

(3) 求职的愿望和要求。

(4) 联系地址及电话、个人邮箱等。

二、面试时的礼仪

1. 参加面试时应带齐个人资料

应做到:除了个人简历、求职信等必要的准备材料之外,参加面试之前还应准备好身份证、户口本、照片,以及学历证书、获奖证书或其复印件,学校、导师或领导的推荐信,招聘岗位或有关该工作机会信息来源的材料等。

以上这些材料要少而精,按一定顺序整理好,以供应聘时的需要。

2. 参加面试时应关注个人形象

(1) 打扮应稳重。

(2) 整理好发型,头发应精心梳理。作为职业学校的学生,发型要显示出健康、向上气息。

(3) 要保持身体清洁。指甲必须修剪,可适当地使用香水,女士可以化淡妆。如果你是一名即将毕业的职业学校学生前去面试,则不应戴饰物。

(4) 要注意克服你的小动作、口头禅以及其他不好的习惯,一举一动应符合礼仪规范。

3. 参加面试，应注意抵达时间

（1）严格遵守面试时间，记住永远不能让接见你的人等候。

（2）要耐心等候，直到有人叫你去面试官的办公室。如果不是统一面试，而是单独约见，更应准时抵达、独自去参加面试。

（3）进屋应注意先敲门，在得到允许后再进入室内。注意应坐在接见者指定的椅子上。

4. 说好第一句话

应注意使用礼貌用语，并做好自我介绍，可以这样说："您好，我是××职业高中的学生，我学习的是××专业，我叫××。"

5. 在面试过程中，注意举止得体

（1）站有站相，坐有坐相，动作要庄重。

（2）注意微笑，动作表情自然，如果自己非常紧张，不妨坦率地向接见者承认自己紧张，这样做是为了求得理解。

（3）认真、仔细倾听考官的问题，回答问题时要坚定有力、充满自信，强调自己的能力、愿望，要在围绕主题的同时尽量详细。

（4）要按照接见者提出的话题进行交谈，可以适当使用手势对自己的回答加以说明，注意使用普通话。

6. 对接见者、考官要尊重，有礼貌

不论结局如何，面试结束时要及时起身，放好座椅，立正姿势，向接见者行礼并说"谢谢"，然后从容地离开考场（关门要轻）。除了接见者外，对其他招呼你的工作人员也应表示谢意。

三、面试之后的礼仪

参加过面试之后，大约两三天以内，求职者可以向面试单位发出感谢函，或者向有关部门打电话问询面试结果。即使在面试时被告知"我们会与你联系的"也没有关系，因为这样做既表示了自己对他们提供面试机会的感谢，又使招聘单位对自己"希望获得聘用"的愿望有更深的印象，以提醒招聘单位及时做出决定。

如果发感谢函，篇幅一般不大，不超过一页，关键是表明态度，电话问询的目的、效果也是一样。

友情提示

如果在面试之后两三个星期内未得到面试单位的回复，应聘者可以写信或打电话给接见的人，表示自己仍有兴趣去该单位工作。如果仍未得到答复，就不宜再三询问了。

收集

面试时经常被问到的问题。

(1) 介绍自己。
(2) 是否了解用人单位？
(3) 你学过什么课程？
(4) 你是否喜欢自己的学校？
(5) 你有什么特长？
(6) 你有什么优点？
(7) 你是否打算继续学习？
(8) 你还有什么疑问？（暗示面试即将结束）

 学有所获

结合所学知识和你对行业要求的了解，在教师的指导下设计面试场景和情节，分别扮演考官和应聘者，进行模拟面试练习。然后相互评价。指出不足，写一写感言。

_____

_____

本课关键词集成：_____

 **学以致用**

判断题（括号内正确的画"√"）。

(1) 面试时要注意形象，所以可以化浓妆。　　　　　　　（　　）
(2) 面试时，有点儿紧张可以自己承认，这样或许可以求得面试官的理解。　　　　　　　　　　　　　　　　　　　　　　　　（　　）
(3) 面试已经结束了，就可以不用注意礼仪了。　　　　　（　　）
(4) 面试结束后，可以写信或打电话询问面试单位面试结果。（　　）

做一做：了解你所学专业的实习或就业单位对于从业者的用工标准或要求。相互之间可以议一议。

任务二 工作场所礼仪

学习导航

同学们也许听说过职场如同战场，但是只要你注重了礼仪，就可以在工作中更加得心应手，希望同学们能在工作中应用礼仪技巧，让自己更自信。

案例导学

被"抖掉"的合同

人生启迪

同学们，一个小小的不文明举动，就失去了那么好的生意，所以讲究礼仪意义重大。

有一位美国华侨，到国内洽谈合资业务，洽谈了好几次，最后一次来之前，他曾对朋友说："这是我最后一次洽谈了，我要跟他们的最高领导谈，谈得好，就可以拍板。"过了两个星期，他又回到了美国，朋友问："谈成了吗？"他说："没谈成。"朋友问其原因，他回答："对方很有诚意，进行得也很顺利，就是跟我谈判的这个领导坐在我的对面，当他跟我交谈时，不时地抖着他的双腿，我觉得还没有跟他合作，我的财都被他抖掉了。"

知识导播

一、个人形象

工作场所的礼仪，是指人们在工作场所中应当遵循的一系列礼仪规范。了解、掌握并恰当地应用礼仪会使你更加自信。

应做到

如果行业、单位有统一的制服、工装，那么无论男女，若无特殊原因，则上班应按照本单位的要求统一穿着工作服。如果行业、单位没有统一的制服、工装，也要视工作的地点和场合的需要选择着装。如，在办公室上班宜选较为保守的服装，男士以西服为主，女士服饰要整洁、合身、美观、大方、文雅。在其他的工作场所也应该选择得体而又方便工作的着装。根据工作的需要，可化职业淡妆。

二、办公区的工作礼仪

1. 公共区的工作礼仪

（1）不在公共办公区吸烟，不扎堆聊天，不大声喧哗；
（2）不在办公家具和公共设施上乱写、乱画、乱刻、乱贴；
（3）保持卫生间清洁，节约水电；
（4）不得擅自带外来人员进入办公区，会谈和接待安排在洽谈区域；
（5）在指定区域内停放车辆；
（6）饮水时，如不是接待来客，应使用个人水杯，减少一次性水杯的浪费，饮水时不要将水洒到地毯上；
（7）如有条件，用餐需到指定地点，不许在办公区域内用餐；
（8）最后离开办公区的人员应负责关好电灯、门、窗及室内总闸。

2. 在个人办公区的工作礼仪

（1）办公桌面清洁，非办公用品不外露，桌面用品码放整齐；
（2）工作台上不能摆放与工作无关的物品；
（3）当有事离开自己的办公座位时，应将座椅推回办公桌内；
（4）下班离开办公室前，使用人应该关闭室内电器的电源开关。

三、美化环境的礼仪

要尽量做好工作场所的环境卫生，保持工作场所优雅、整洁、干净，让工作人员愉快、舒适地工作，这是工作场所中自身形象的基本体现，是组织精神面貌的外在表现。

不同国家有不同的工作环境要求，不同企业有自己独特的企业文化要求，不同的工作岗位也有不同的岗位环境要求。如美国公司与日本公司的企业文化就存在着非常大的区别，而办公室与车间厂房则是截然不同的工作环境，其要求也就各不相同。但即便如此，也有大家应该共同遵守的礼仪要求，每个从业者应做到：注意个人卫生，保持仪容、仪表的整洁、大方、庄重，还要注意讲究公共卫生。

应避免

工作场所脏、乱，物品无序摆放；点缀过多的私人物品，如摆满个人或家人的照片、零食等，把工作环境"家庭"化，这些都是失礼或不妥的表现。

阅读思考

（1）需要离开办公室时应向上级主管请示，告知因何事外出，用时多少，联系方式。

（2）若上级主管不在，应向同事交代清楚。

（3）出差在外时，应与主管领导保持经常性联系，一般应保持每天联系。

（4）如遇到住处变动，手机打不通，E-mail 无法联系时，应及时告诉公司以提供其他联系方式。

（5）打断会议不要敲门，进入会议室将写好的字条交给有关人员。

（6）当来访者出现时应由专人接待，说"您好，我能帮您做些什么吗？"

（7）办公时间不大声谈笑，交流问题应起身走近，声音以不影响其他人员为宜。

（8）当他人输入密码时自觉将视线移开。

（9）不翻看不属于自己负责范围内的材料及保密信息。

（10）对其他同事的客户也要积极热情。

（11）同事之间相互尊重，借东西要还。

谈一谈：这些办公室要求说明了什么？
_____
_____

温馨提示：我们在接待客人时，运用手势要规范，同时要说诸如"您请"，"请走这边"，"请各位小心"等提示语。

 学有所获

请同学们分小组活动，模仿进入经理办公室的礼仪，再相互评论需要改进的地方。
_____

本课关键词集成：_____

 **学以致用**

若条件允许，在老师的指导下化一个工作妆。

任务三　工作中的礼仪

学习导航

可以说我们大部分的时间要在工作中度过，那么掌握工作中的礼仪是非常重要的。

案例导学

小红的心事

小红是一位非常聪明的姑娘，性格开朗，大方，对人坦诚，喜欢帮助别人，但是心中装不下事情，特别是自己的一些事情总喜欢说与同事听。刚开始同事都很喜欢她，但时间长了，都开始躲着她。她很不理解，索性调到了别的单位，可过了一段时间，又出现了相同的情况。小红非常苦恼："为什么我对别人那么真诚别人会不喜欢我呢？"

人生启迪

小红的烦恼也许我们都有过，初入职场要注意与人相处的礼仪，工作中要注意不谈论隐私。

知识导播

一、同事之间的礼仪

同事是与自己一起工作的人，与同事相处得如何，直接关系到自己的工作、事业的进展。同事之间关系融洽、和谐，人们就会感到心情愉快，有利于工作的顺利进行，促进事业的发展。

1. 尊重同事

相互尊重是处理好任何一种人际关系的基础，同事关系也不例外。同事关系不同于亲属关系，一旦失礼，创伤难以愈合。所以，处理好同事关系，最重要的是尊重对方。除在情感上尊重同事，在工作中对同事也要有使他人感到被尊重的"距离感"。

2. 关心帮助同事

一个人有困难，通常会首先选择亲朋帮助，但作为同事，也应主动问询。对力所能及的事伸出援助之手，这样做会增进同事间的感情，使关系更加融洽。

3. 物质上往来应一清二楚

同事之间可能会有相互借钱、借物或馈赠礼品等物质的往来，每一项都应有记录，以提醒自己及时归还，以免遗忘，引起误会。如果所借钱物不能及时归还，应每隔一段时间向对方说明一下情况，否则会引起对方心理上的不快，从而降低自己在同事心目中的地位。

4. 相互谅解

对于自己的失误或同事间的误会，应主动道歉说明，征得对方的谅解。

5. 尊重同事的隐私

每个人都有"隐私"，隐私与个人的名誉密切相关，不能传播、议论他人的隐私。

6. 打造和谐工作氛围

在工作场所里，同事之间应具有合作精神。当看法有分歧时，可各抒己见进行探讨，一时不能统一也可保留自己的意见，而一旦形成决议则应认真执行。与人相处要友善，同事之间注意举止得体，注意文明用语，语气应热情、亲切、和蔼、友善而耐心。同事之间提倡使用普通话。

二、向领导请示、汇报工作的礼仪

1. 遵守时间

下级向上级请示、汇报工作，必须准时到达。万一因故不能赴约，要尽可能有礼貌地及早告知领导，并以适当方式表示歉意。若因故迟到，要向领导致歉，并说明原因，以争取领导的谅解。

2. 敲门后等有人应声才可进门

到领导的办公室去请示、汇报工作，应该先轻轻地敲门，得到允许后再进去。请示、汇报期间，应该注意自己的仪表、姿态，要站有站相、坐有坐相，做到文雅大方、彬彬有礼。

3. 请示、汇报准确简练

口头请示、汇报的语言不像书面文章那样讲究，但原则上要做到准确、简练，清楚明白地表达自己的观点和思想。汇报的时间务必要尽力压缩。

牢记"三优"原则：书面优于口头，当面优于电话，电话优于短信或邮件。

三、部门合作与沟通的礼仪

1. 合作

合作是个人与个人、群体与群体之间为达到共同目的，彼此相互配合的一种联合行动。合作也是我们生活中的重要内容。应做到。

（1）要看到别人的长处、优点和成绩，学会尊重别人的劳动成果。

（2）正确理解主角与配角的关系。在合作过程中，由于多种原因，每个人所承担的任务不同，担当的角色也各异。其中，有的人是活动中的主角，为人们所关注；而有的人是活动的配角，在后台默默工作。主角与配角并无高低贵贱之分，都是整个活动中必不可少的部分。

> **名言警句**
>
> 爱人者人恒爱之，敬人者人恒敬之。
>
> ——孟子

（3）善于发现自己的闪光点，发挥自己的独特作用。世界上没有两片完全相同的树叶，人与人也是不同的。正因为不同才有了相互合作的需要。每个人都有自己的特长，正是由于千千万万人在不同领域做着不同贡献，整个社会才呈现出欣欣向荣的景象。

2. 沟通

沟通是双方通过一定的信息交流而达到相互了解的过程。沟通的目的在于使对方理解意图，协调方和被协调方相互认可并承诺行动，共同或相继产生行动。

开展有效沟通，应做到：主动、及时，使沟通的双方都明确要做什么、何时做、保障措施是什么、标准和环节以及应达到的程度或实现的结果是什么。书面沟通时，信息要正确，当面沟通过程中，谈话的表情要自然，语气亲切，表达得体。应尽量避免沟通不充分带来的不必要损失。

四、工作中的礼仪

工作中的礼仪应做到：遵守职业道德和职业纪律。精诚合作，相互帮助，和谐相处。公事、私事分开。如果在工作中处理私事，应在工间休息时做，特殊情况必须向上级说明或请示。不安排朋友在工作时间到工作场所来拜访。

 **阅读思考**

有人曾做过一个实验：把七八只黄蜂同时关进一个密封的小木箱里，几

天后将木箱打开，发现木箱的四壁分别多出了七八个小洞，每个小洞里各有一只死去的黄蜂。而这些小洞，最浅的也超过了木板厚度的一半。也就是说，只要这些黄蜂在危急关头能够团结工作，每一只都在同一个位置轮流钻上一段，那么完全可以轻而易举钻破木箱，化险为夷，走出绝境。可遗憾的是，它们一个个只顾各自逃命，最后全部命丧黄泉。

从材料中你领悟到了什么道理？在与同事的合作中，你将会采用什么样的工作方式与态度？从现在起，我们怎样学会和同学、老师团结协作？

谈一谈：_____

_____

 学有所获

读下列故事，写一篇读后感，然后在组内交流。

一年两次的南北迁移，对大雁来说都是非常漫长遥远的路程。任何一只大雁都不可能独立完成长达十几天的旅途，它们靠的就是团队的紧密合作。大雁在飞行的时候总喜欢排成"一"字或"人"字，在这种团队结构中，每一只大雁扇动翅膀都会为紧随其后的同伴添一股向上的力量，能比单飞的情况增加70%的飞行效率，从而减少体力消耗，这样它们才能顺利地到达目的地，完成长途旅行。

读后感：_____

_____

本课关键词集成：_____

 **学以致用**

判断题（括号内正确的画"√"）。

(1) 同事之间，经常见面，所以不用讲那么多的礼貌礼节。　　（　　）
(2) 亲兄弟，明算账，所以同事之间经济往来要清楚。　　　　（　　）
(3) 和领导工作汇报时，尽量当面汇报。　　　　　　　　　　（　　）
(4) 部门间工作配合要注意合作与沟通的礼仪。　　　　　　　（　　）

找一找：你知道你的专业、你未来的工作岗位要求工作人员应遵守哪些工作礼仪吗？以小组为单位，收集材料，相互补充完善。

项目五

职业生涯规划与职业理想

 **单元导读**

　　中职生能成才吗？能！只要你心中有理想，有奋斗目标！学会规划自己的职业生涯，珍惜在学校学习的大好时光；为自己未来的职业发展做好准备，你就一定能成为一个职场上有用的人才。

任务一 规划人生，演绎精彩

 **学习导航**

同学们，我们都希望自己能拥有一个精彩的人生，但怎样才能实现呢？其实，精彩的人生需要合理的规划才能实现。认识规划在人生中的重要性，合理规划你的人生，让自己拥有一个精彩的人生吧！

 **案例导学**

人生启迪

历史和现实中的例子告诉我们：只有善于经营自己长处的人，才能使自己的人生价值增值。

爱因斯坦在念小学和中学时，功课平平。教他希腊文和拉丁文的老师，曾经公开骂他长大后肯定不成器，甚至曾想把他赶出校门。但他对数学、几何和物理方面有着浓厚的兴趣，凭借自己在这些方面的优势，最终成为伟大的物理学家。比尔·盖茨尚未读完大学就被迫退学，但他凭自己在计算机上的优势和天分成为世界首富。还有许多在校成绩平平的同学，走向社会后却取得了惊人的成绩，这都是因为他们最大限度地发挥了自己的优势。

人为什么活着？活着是为什么？生命有何意义？人生的价值是什么？相信每一个充满幻想的青年，都会思索这些问题。许许多多的青年带着这种困惑走进了中年，他们中有的人成功了，有的却失败了。在耗费了宝贵的时间之后，他们才发现：人生有无数条单行的轨道，条条都通向未来。人生终究不是用来"探究"的，活着并精彩地演绎生活，才是唯一的人生。然而，人生要活得多姿多彩，不能没有梦！

心怀梦想，志存高远，人生之梦需要实实在在的"规划"才能"实现"。好的人生离不开好的规划，成功人生离不开成功的规划及在正确规划指导下的持续奋斗。人生如大海航行，人生规划就是人生的基本航线，有了航线，我们就不会偏离目标，更不会迷失方向，才能更加顺利和快速地驶向成功的彼岸。然而，有了规划，就一定会有成功的人生吗？也不一定。同学们思考一下，你们是不是常常做了规划却不能达到预期的效果？

知识导播

> **名言警句**
>
> 明白事理的人使自己适应世界，不明白事理的人，想使世界适应自己。
>
> ——萧伯纳

人生就是在调整适应，发展适应的长河中前进的。在人生的漂流中，我们可能会远离人生坐标。问题在于，我们应该学会在远离目标的时候，去创造条件，接近目标。所谓创造条件，本身就是一种进取，一种求索，一种锁定目标的执著，一种坚韧不拔的追求。

人的一生是漫长的，更是变动的。国家政策的调整，外在条件的变化，家境的变迁，突发事件的出现，都会给我们造成困难。在艰难困苦面前，我们要以乐观豁达的心情直面人生；以坚韧不拔的毅力支撑自我；以正确的价值取向占据灵魂，把艰难困苦当成是一种磨炼，让自己成熟。

古人云："哀莫大于心死"，"志莫大于永刻"。在艰难险阻面前，只要我们心中的火不灭，展开的翅不折，就一定能走出生活的沼泽，迎来人生的艳阳天。

记得有一首歌中唱道："人生有梦才算美，几度风雨多轮回，沧桑摔出铁打汉，滚石酿出震天雷。"让我们珍视机遇，迎接挑战，自觉地在艰苦中磨炼，做一个新世纪的铁打汉，震天雷吧！

一本书中这样写道：一个不能靠自己的能力改变命运的人，是不幸的，也是可怜的，因为这些人没有把命运掌握在自己的手中，反而成为命运的奴隶。而人的一生中究竟有多少个春秋，有多少事是值得回忆和纪念的。生命就像一张白纸，等待着我们去描绘，去谱写，而合理的规划才能在这张白纸上描出精彩的蓝图。

西方有一个哲学问题：我是谁？我从哪里来？我要到哪里去？这一哲学

命题会给我们的人生规划以启示。

我是谁？人要清醒地认识自己，必须排除外来的压力，比如父母的期望、师长的教诲、将来的就业压力等，要在完全放松的情形下，根据自己的爱好、特长、性情来正确地规划未来的生活。

我从哪里来？这不需要从达尔文《物种起源》里寻找答案。从现实的角度来说，是要我们客观看待自己的过去，认清自己的知识水平、见识、人生经历等，给自己一个恰如其分的评价。做到这一点，就能心平气和地面对现状，不再怨天尤人，不再好高骛远。

我要到哪里去？就是在真正明白自身条件和所处现状的基础上，合理地制订出自己的人生计划。并能够把长期计划和短期计划结合起来，长期计划为目标，短期计划为阶段，由此出发，一步步向目标靠近。

一句话，思考自己人生的价值，就能知道自己想要什么。

 阅读思考

我知道自己在意什么，所以我知道飞向哪里。
相信自己，是一种坚持，并不容易。
牢记我要的，不强求其他。
努力是一种态度，不是为达到目的而做的交易。
良好的习惯使人快乐，但养成的过程艰苦难受。

读后感：_____
_____

你无法为出生负责，但你一定要为自己的人生负责。生命是属于你的，你应该根据自己的愿望去生活。人生的重大决定，是由心规划的，像预先计算好的框架，等待着你的星座运行。如期待改变自己的命运，首先要改变心的轨迹。许多时候，目标与现实之间，往往具有一定的距离。我们必须学会随时去调整，无论如何，人不应该为不切实际的誓言和愿望而活着。合理规划自己的人生，让我们一同来演绎精彩的生活！

> **名言警句**
>
> 凡事预则立，不预则废。
>
> ——《礼记·中庸》

 学有所获

自我总结：这节课我们学到了什么？有哪些启发？
_____

本课关键词集成：_____

 **学以致用**

四只毛毛虫的故事

毛毛虫都喜欢吃苹果，有四只要好的毛毛虫，都长大了，各自去森林里找苹果吃。

第一只毛毛虫跋山涉水，终于来到一株苹果树下。它根本就不知道这是一棵苹果树，也不知树上长满了红红的可口的苹果。当它看到其他的毛毛虫往上爬时，稀里糊涂地就跟着往上爬。没有目的，不知终点，更不知自己到底想要哪一种苹果，也没想过怎么样去摘取苹果。它的最后结局呢？也许找到了一颗大苹果，幸福地生活着；也可能在树叶中迷了路，过着悲惨的生活。不过可以确定的是，大部分的虫都是这样活着的，没想过什么是生命的意义，为什么而活着。

第二只毛毛虫也爬到了苹果树下。它知道这是一棵苹果树，也确定它的"虫"生目标就是找到一颗大苹果。问题是它并不知道大苹果会长在什么地方？但它猜想：大苹果应该长在大枝叶上吧！于是它就慢慢地往上爬，遇到分枝的时候，就选择较粗的树枝继续爬。于是它就按这个标准一直往上爬，最后终于找到了一颗大苹果，这只毛毛虫刚想高兴地扑上去大吃一顿，但是放眼一看，它发现这颗大苹果是全树上最小的一个，上面还有许多更大的苹果。更令它泄气的是，要是它上一次选择另外一个分枝，它就能得到一个大得多的苹果。

第三只毛毛虫也到了一株苹果树下。这只毛毛虫知道自己想要的就是大苹果，并且研制了一副望远镜。还没有开始爬时就先利用望远镜搜寻了一番，找到了一颗很大的苹果。同时，它发现当从下往上找路时，会遇到很多分枝，有各种不同的爬法；但若从上往下找路时，却只有一种爬法。它很细心地从苹果的位置，由上往下反推至目前所处的位置，记下这条确定的路径。于是，它开始往上爬了，当遇到分枝时，它一点也不慌张，因为它知道该往哪条路走，而不必跟着一大堆虫去挤破头。比如说，如果它的目标是一颗名叫"教授"的苹果，那应该爬"深造"这条路；如果目标是"老板"，那应该爬"创业"这分枝。最后，这只毛毛虫应该会有一个很好的结局，因为它已经有自己的计划。但是真实的情况往往是，因为毛毛虫的爬行相当缓慢，当它抵达时，苹果不是被别的虫捷足先登，就是苹果已熟透而烂掉了。

第四只毛毛虫可不是一只普通的虫，做事有自己的规划。它知道自己要什么苹果，也知道苹果将怎么长大。因此当它带着望远镜观察苹果时，它的目标并不是一颗大苹果，而是一朵含苞待放的苹果花。它计算着自己的行程，估计当它到达的时候，这朵花正好长成一个成熟的大苹果，它就能得到自己满意的苹果。结果它如愿以偿，得到了一个又大又甜的苹果，从此过着幸福快乐的日子。

议一议：上述故事对我们的人生规划有何启示？

_____
_____
_____
_____

任务二　职业与职业生涯规划

学习导航

人的生存、生活离不开职业，职业是人生发展的载体。职业生涯影响人生发展的各个方面。要想拥有一个成功的职业生涯，就必须科学合理地进行职业生涯规划。

 **案例导学**

职业规划
——**取得职业成就的关键因素**

人生启迪

职业是一个人生存和发展的基础。而职业生涯规划是我们取得职业成就的关键因素。

"前全国女子举重冠军今在澡堂当搓澡工"的消息,曾经一度引起了媒体的广泛关注,也引发了众多国人无限的感慨!

曾获得 4 枚全国举重比赛金牌,打破过一次全国纪录、一次世界纪录的邹春兰,如今在长春一家浴池做搓澡工,每搓一个澡收费 5 元,邹春兰能得 1.25 元,一个月下来,挣的钱不到 500 元。

昔日的全国冠军如今当起了搓澡工,曾经的省队女排队员、如今沦落在街上卖报纸。这种现象不仅仅是发生在中国,许多西方的运动明星在退役后穷困潦倒、失魂落魄的情况也多有发生。

施瓦辛格在 20 岁获得了第一个健美冠军之后,各种荣誉纷至沓来。可

是他并没有沉溺其中止步不前,而是确立了自己下一个目标:进入电影界拍大力士影片。第二年,施瓦辛格来到美国追寻自己的梦想。他清醒地认识到健美运动员是一个"吃青春饭"的职业,只是自己成为一个动作明星的敲门砖,是职业发展的第一步。

施瓦辛格在美国面临着语言不通的巨大障碍,一边继续从事自己的健美运动,一边积极寻找机会进入电影界。1970年,他史无前例地获得了三项健美冠军;同一年他出演了第一部电影。一开始,施瓦辛格转行并不成功,最早几部影片上映后,他被影评家无情地评论为:四肢发达,头脑简单,无聊的演艺界门外汉。他说:"在很长的时期里,我很努力地上表演课、发音课、纠正口音、上演说课,所有这些我都非常努力。"他还一边打工,一边利用业余时间学习大学课程……直到最后,他终于获得了成功。

所以,真正的职业规划,不只是一纸计划,而是真正确定坚定的职业目标和长远的职业规划,还要一步一步地努力实施。

 知识导播

一、职业与职业生涯

1. 职业与民生之本

人为什么要找一份职业?因为从事职业活动是人生存、生活的根基。职业是个人在社会中所从事的、有稳定收入的工作,既是人们实现人生价值、为社会作贡献的舞台,也是人们谋生——在社会中生存、发展的手段。

2. 职业生涯与人生

人的生存、生活离不开职业,职业是人生发展的载体,围绕职业,人的一生大致可分为三个阶段:从业准备阶段、从业阶段、从业回顾阶段。

二、职业生涯规划的重要性

职业生涯规划是个人对自己一生职业发展道路的设想和谋划,是对个人职业前途的瞻望,是实现职业理想的前提。它包括选择什么职业,以及在什么地区和什么单位从事这种职业,还包括在这个职业团队中担负什么职务,以及实现这些设想的措施等内容。

1. 帮助我们目标明确地发展自己

目标即想要达到的境地或标准。明确目标会让自己少走弯路,更快地实现目标。职业生涯规划应围绕"促进个人发展"的目标制订。人人都追求幸福,而幸福会在我们追求目标的过程中到来。

随着国家大力发展职业教育,越来越多的青少年,目标明确地走进中等职业学校。志向当然是明确得越早越好,但在进入学校后,从所学专业的实际出发,确立自己的发展目标也为时不晚。职业生涯规划能帮助中职生从所学专业出发,在真正了解自己、了解所学专业、了解即将从事的职业的基础上,确立既实事求是,又催人奋进的目标,制订实实在在的发展计划,为今后的职业生涯做好准备。只有在职业发展道路上目标明确并不断追求的人,才有可能成为成功者。

2. 帮助我们扬长补短地发展自己

职业生涯规划的落脚点是扬长补短地发展自己。"扬长"即发现、培养、发挥自己的长处,"补短"即认识、发现自己的短处,并有意识地不断缩小自身条件与目标的差距。

发现自己的长处,可以提高自信。有自信,才能大胆参加竞争,接受挑战,实现自己的职业理想。了解自己的短处,才能找到应该改进的问题,提高学习的针对性、时效性。

"补短"要重视时机、重视实用。在校时要扬长补短,主动适应即将从事的职业要求;择业时,要扬长避短,选择自己能胜任的岗位。正如《水浒传》中的"浪里白条"张顺,在陆地上,他是李逵的手下败将,可在水中,张顺却无人可敌。

如果能扬长补短,不断提高自身素养,适应竞争,一定会有一个成功的未来。

 学有所获

讨论:你所知道的成功人士有哪些?他们是否也做过职业生涯规划?
_____
_____

本课关键词集成:_____

 **学以致用**

著名的哈佛报告

一群意气风发的天之骄子从哈佛大学毕业了,即将开始穿越各自的玉米地。他们的智力、学历、环境条件都相差无几。临出校门时,哈佛对他们进行了一次关于人生目标的调查。结果显示:

27% 没有目标;

60% 目标模糊;

10% 有清晰的短期目标;

3% 有清晰而长远的目标。

25年后,哈佛再次对这群学生进行了调查。结果:

3%的人,25年间他们朝着一个方向不懈努力,几乎都成为社会各界的成功人士,其中还不乏行业领袖、社会精英;

10%的人,他们的短期目标不断实现,成为各个领域中的专业人士,大都生活在社会的中上层;

60%的人,他们安稳地生活工作,但都没有什么特别成绩,几乎都生活在社会的中下层；

剩下的27％，他们的生活没有目标，过得很不如意，常常抱怨他人、抱怨社会、抱怨这个"不肯给他们机会"的世界。

读后感：_____

_____

_____

任务三 职业理想的作用

学习导航

职业理想对人生发展、社会发展作用巨大，我们要理解职业生涯规划与职业理想的关系，初步形成正确的职业理想观，基本形成正确的职业价值取向。

案例导学

选 择

有三个人要被关进监狱三年，监狱长给他们三人一人一个要求。美国人爱抽雪茄，要了三箱雪茄。法国人最浪漫，要一个美丽的女子相伴。而犹太人说，他要一部与外界沟通的电话。三年过后，第一个冲出来的是美国人，嘴里鼻孔里塞满了雪茄，大喊道："给我火，给我火！"原来他忘了要火柴了。接着出来的是法国人，只见他手里抱着一个小孩子，美丽女子手里牵着一个小孩子，肚子里还怀着第三个。最后出来的是犹太人，他紧紧握住监狱长的手说："这三年来我每天与外界联系，我的生意不但没有停顿，反而增长了200％，为了表示感谢，我送你一辆劳斯莱斯！"

人生启迪

这个故事告诉我们，什么样的选择决定什么样的生活。今天的生活是由三年前我们的选择决定的，而今天我们的抉择将决定我们三年后的生活。我们要选择接触最新的信息，了解最新的趋势，从而更好地创造自己的将来。

知识导播

一、职业理想对人生发展的作用

职业理想是个人对未来所从事的职业的向往和追求，是职业生涯发展的动力。为自己设定一个具体而现实的职业理想，是每个中职生在进行职业生涯规划时首先应考虑的。这里说的"具体"是指这种理想不仅是努力方向，而且还指向具体的职业岗位及其不断晋升的岗位阶梯;'现实',是指它不但从自身实际和当前就业形式出发,而且与工作环境、福利待遇、晋升机会、人际关系等现实情况相联系,与该职业的社会评价相联系。

 **阅读思考**

在撒哈拉沙漠里有一个小小的村庄,它的名字叫比塞尔。比塞尔多年以前是一个不为人知、几乎与世隔绝的落后的小村落,当地的人很少走出村庄,外面的人也很少来到这个村庄。

后来有一个欧洲青年叫肯莱文,来到了比塞尔,他问当地人:"你们怎么不到外面去看看,外面的世界很精彩!"

比塞尔人说:"我们很想到外面去看看,但是我们不知道怎样走出沙漠。"

肯莱文说:"不可能啊?!"他自己走出沙漠只用三天半的时间。

他对比塞尔人说:"你看看,可以走得出去啊,你们怎么走不出去呢?"比塞尔人说:"真是奇怪了,我们怎么总是走不出去呢?"

"这样,我跟你们的人走,他说怎么走我就怎么走,看看到底为什么走不出去。"

当地一个叫阿古特尔的青年,自告奋勇,愿意和肯莱文一起走。阿古特尔预备了两峰骆驼和半个月的粮食半个月的水。

第二天他们出发了,出发以后阿古特尔怎么走,肯莱文就跟着怎么走,三天、四天没有走出沙漠,七天、十天也没有走出沙漠。到了第十一天早晨,令肯莱文万分惊奇的是,他们又回到了比塞尔。阿古特尔说:"你看,我说咱们走不出去吧,幸亏预备了这些水和粮食。"

肯莱文很是奇怪,怎么跟着他们自己就走不出去呢?他苦思冥想,晚上看着满天的星斗突然想明白了,原来比塞尔人不懂得使用任何导向工具,他们在茫茫几千平方公里的大沙漠中就是跟着自己的感觉走。

大家知道,人体的两侧肌肉并不是完全对称的,当失去方向感的时候,假如右腿的劲大一些、肌肉发达一些,左腿的劲小一些,那你会不知不觉走出一个弧形,会朝左拐,而且拐的这个幅度会越来越小,最后就走成了一个像卷尺的螺旋状,最终又回到了起点。

比塞尔人就是凭着自己的感觉,以为是往前走,但实际上是在绕圈子,最后又绕回到比塞尔。肯莱文发现了这个秘密,对阿古特尔说:"你按我的方法走,保准你走出沙漠。你白天休息,晚上认准北斗星。"阿古特尔年轻力壮,心情迫切,按照这种方法果然三天就走出了沙漠。

后来阿古特尔把外面的人带进来,把里面的人带出去。多年以后,比塞尔成了一个远近闻名的世外桃源、旅游胜地。当地人为了感谢阿古特尔还在村子中央小广场上设了一个阿古特尔的铜像,为了感谢阿古特尔,铜像的基座上写着一句话："新生活，从选定方向开始"。

读后感：＿＿＿＿＿＿＿＿＿＿＿＿＿＿＿＿＿＿＿＿＿＿
＿＿＿＿＿＿＿＿＿＿＿＿＿＿＿＿＿＿＿＿＿＿＿＿＿＿＿＿＿＿
＿＿＿＿＿＿＿＿＿＿＿＿＿＿＿＿＿＿＿＿＿＿＿＿＿＿＿＿＿＿

这个故事告诉我们，一个人无论年龄多大，真正的人生是从设定目标的那一天开始的，以前的日子都只不过是在绕圈子而已。

二、职业生涯规划与职业理想的实现

1. 务实的规划才能把理想变成现实

作为一名还未踏入工作岗位的中职生，在树立职业理想后，首先要做的是根据这一理想制订一份职业生涯规划。职业生涯规划必须务实，具有鲜明的个性，符合个人实际。有明确的方向和可操作性，特别应强调的是，目标要明确，阶段要清晰，措施要具体。这样的规划才具有指导和激励自己奋发向上的实效。

2. 规划的过程是提高自己的过程

规划职业生涯的过程，是了解自己、了解职业、了解社会的过程，是恢复自信、树立理想、形成动力的过程，是依据职业要求调整自我、提高自我、适应职业岗位的过程，是为走向社会、为今后可持续发展做准备的过程，是不断发展自己、享受成功乐趣的过程。

中职生在规划职业生涯的过程中，要不断强化职业意识，巩固和完善职业理想，认识职业道德行为养成和专业学习对实现职业理想的作用，形成正确的职业观、择业观、创业观以及成才观，增强提高职业素质和职业能力的自觉性，并以此规范和调整自己的行为，积极做好适应社会、融入社会的准备。

只有制订出适合自身的职业生涯规划，才能把命运掌握在自己手中，才能实现自己的职业理想。

三、选择理想职业注重的几个方面

> **名言警句**
>
> 目标明确的人是一个永远没有闲暇的人,同时也是一个无所畏惧的人。
>
> ——博得·舍费尔

1. 认识自己,了解职业

认识自己,即包括认识自己的兴趣、气质、性格和能力,也包括认识自己的生理素质、知识结构和职业适应性。其目的在于真正了解自己最适合干什么工作。了解职业,既包括职业活动内容、职业特点、职业环境、职业报酬,也包括了解职业对从业者素质的要求。了解职业的目的,有助于求职有针对性,减少盲目性。

自从有了闹钟后,公鸡就悄悄退出了人们生活的舞台。尽管这是公鸡独有的看家本领。

2. 正确掌握自己的择业期望值

应实事求是地对自己的职业期望作一个客观科学的分析,分清哪些是合理的,是能够实现的,对此应努力追求;哪些是不合理的,是实现不了的,对此应理智放弃。这就要求每位学生,以自己的专业所长、个人素质优势以及客观的社会需求为基础,确立积极合理的职业期望。

正确把握择业的期望值,防止下列问题的出现:

(1) 防止图虚荣的思想；

(2) 防止图享受的思想；

(3) 防止图安逸的思想；

(4) 防止偏离自己的择业目标；

(5) 防止期望值过高。

3. 树立正确的就业观念

转变就业观念。摒弃只有正规就业或端"铁饭碗"才算就业的传统观念，树立"从事非全日制、临时性、季节性、非正规就业等灵活形式的工作也是就业"的观念，树立职业平等和劳动光荣的观念。

正确地对待就业，首先，应将眼光放远一些。其次，应该为自己留有足够的发展空间。最后，兴趣爱好固然重要，但它并不是与生俱来的，需要后天的培养。

 学有所获

做一做：搜索成功人士的资料，谈一谈他们的职业理想给人生带来的影响。

_____

_____

本课关键词集成：_____

 **学以致用**

蜗　牛

寻找到底哪里有蓝天
随着轻轻的风轻轻地飘
历经的伤都不感觉疼
我要一步一步往上爬
等待阳光静静看着它的脸
小小的天　有大大的梦想
重重的壳裹着轻轻的仰望
我要一步一步往上爬
在最高点乘着叶片往前飞
小小的天　流过的泪和汗
总有一天我有属于我的天

读后感：_____
_____
_____

项目六

职业生涯发展条件与机遇

 **单元导读**

青年人都有自己梦寐以求的理想,你希望梦想成真吗?只要你能结合自己所学的专业,努力提高自己的职业素质,把自己的发展融于即将从事的那一行的发展之中,你一定会有一个成功的职业生涯!

任务一　职业对从业者素质的要求

 **学习导航**

同学们，随着经济体制改革的深入，劳动制度也发生了深刻的变化。人们求职择业的面宽了，机会多了，自由度更大了。双向选择代替了单一的国家统调统配。用人单位对求职者越来越"挑剔"。因此求职者要顺利地叩开职业大门，首先要了解用人单位对从业者的具体要求，并与自己的职业素质相对照，这是求职择业的前提。

 案例导学

人生启迪

路在脚下，做最好的自己，最好的方法就是在自己的位置上展示自己的风采。以良好的职业素质适应时代发展的要求，爱岗敬业，苦练基本功，提高我们的专业素养，这是我们起飞的翅膀，成功的基石。

徐虎的故事

徐虎，现任上海西部企业集团物业总监。徐虎于1989年、1995年、2000年连续三年被评为全国劳动模范，1996年5月和7月相继被评为全国优秀工人代表和全国优秀共产党员。1997年作为党员代表光荣出席了党的十五大。

1975年，徐虎从郊区农村来到上海城里，当上了房修水电工，担负起管区内6000多户居民的水电维修、房屋养护工作。在之后的10多年中，徐虎从未失信过他的用户，他被群众誉为"晚上19点钟的太阳"。

徐虎爱岗敬业，十年如一日义务为居民服务，在平凡的工作中做出不平

凡的成绩。1998年以后，徐虎开始从事管理工作。2002年5月，徐虎调任上海西部企业集团任物业总监。从普通的水电维修岗位到企业中层管理岗位，徐虎虽然角色变了，但是"辛苦我一人，方便千万家"的信念不变，一如既往地用自己的敬业、钻研和奉献精神，在物业管理工作中作出了新的贡献。如今，"徐虎物业"已荣获国家建设部"文明服务示范窗口"称号，成为国家建设部公布的第三批文明服务示范窗口单位之一。

 知识导播

职业素质是指劳动者在一定的生理条件基础上，通过教育、劳动实践和自我修养等途径形成和发展起来的，在职业活动中发挥作用的一种基本品质。职业素质主要包括思想道德素质、科学文化素质、专业素质和身体心理素质。

1. 思想道德素质

思想道德素质主要是指从业者在思想政治上的信仰或信念及道德上的修养等。它是职业素质的灵魂，对其他素质起统领作用，决定中职生未来职业活动的政治方向和价值取向，是职业生涯发展的根本保证。

2. 科学文化素质

科学文化素质是指当代人在社会生活中参与科学活动的基本条件。综合表现为学习科学的欲望、尊重科学的态度、探索科学的行为和创新科学的成效。

3. 专业素质

专业素质是指从业者在职业活动中，在专业技能和专业知识方面表现出来的状况和水平。专业素质是职业素质构成中的重点。中职生今后要通过职业活动获得稳定收入、立足社会，专业技能素质是必不可少的。实际上，思想政治、职业道德、科学文化素质大多要通过专业技能的运用展现出来。

4. 身体素质

身体素质，通常指的是人体肌肉活动的基本能力，是人体各器官系统的机能在肌肉工作中的综合反映。身体素质一般包括力量、速度、耐力、灵敏、柔韧性等。身体素质经常潜在地表现在人们的生活、学习和劳动中，也表现在体育锻炼方面。

5. 心理素质

心理素质是人的整体素质的组成部分。心理素质水平的高低应该从以下几个方面进行衡量：性格品质的优劣、认知潜能的大小、心理适应能力的强弱、内在动力的大小及指向。对内体现为心理健康状况的好坏，对外影响行为表现的优劣。

职业素质是一个统一的整体。其中，思想道德素质是灵魂，科学文化素质是基础，专业素质是重点，身体素质、心理素质是载体。由这些素质构成的职业素质，在职业活动中又集中表现为从业者具有的实践能力和创新精神。

 **阅读思考**

在硬木板上拧螺钉，是重复性很强的简单劳动，而美国青年菲力普却在这项简单重复的劳动中发现了创新点，通过多次实践和探索——十字螺钉在他手中诞生了。他再接再厉，又设计出了专拧这种螺钉的十字螺丝刀，并将它们申请专利，联系厂家生产。两种新产品投放市场后大受欢迎，很快就流行于全世界。菲力普将创新引入日常工作，还及时申请了专利，既造福于人类社会，又保护了自己的发明权。

可见一线劳动者与学者、专家相比较，优势在于动手能力。它既是创新的资源之一，也是检验创新成果的重要手段。

读后感：_____
_____
_____

 学有所获

议一议：你看见或听说过职业活动中的"缺德"行为吗？和同桌议一议，不按职业道德规范做事的人，他的职业生涯会受到什么影响？
_____

本课关键词集成：_____

 **学以致用**

1. 请一位已经当上领班、组长的中职毕业生，让他结合自己的管理工作，谈谈一线员工应具备怎样的素质，了解用人单位对一线从业者的要求。

2. 社会欢迎什么样的毕业生？

（1）具有较高的思想政治素质。如毕业生中的共产党员、三好学生、优秀学生干部、优秀共青团员和优秀毕业生。

（2）能脚踏实地，艰苦奋斗。安心在生产第一线，在艰苦的岗位上，踏踏实实工作，不见异思迁，不自命清高，愿与企业同舟共济的毕业生较受欢迎。

（3）有坚实的理论基础和较宽的知识面，有较大的潜力和较强的适应能力，做到一专多能的毕业生较受欢迎。

（4）有较强的组织、管理和协调能力，善于处理各种人际关系。

（5）有良好的口头和书面表达能力，还要有一定的文学修养，会写规范的办公应用文，字迹秀美流畅。

读后感：作为一名在校中职生，通过上述内容的学习你认为我们在校期间应该培养哪些基本素质，才能更好地为我们将来的职业服务？

任务二　树立正确的人才观

 **学习导航**

人们生活在复杂的社会环境中，许多事情都不以人的意志为转移。但是信念对人的作用是不可低估的，信念在人们无能为力时显得尤为重要。树立正确人生观，就能够为大众的利益识大体、顾大局、克己奉公；就能够为崇高的理想奉献自己存在的价值，与大众共享幸福之乐。

 **案例导学**

人生启迪

成才的路有千万条！中职生只要有自己的特长，就能创造出良好的经济效益和社会效益，就能成为被社会、被公众认可的人才。

秦毅的故事

1998年9月，秦毅从上海沪东船厂技校焊接与装配专业毕业后，就职于沪东中华造船集团有限公司。这位"80后"，不管是酷暑严寒还是日晒雨淋，总是拿着一把焊枪勤学苦练。为了学好技术，他常常连续几个小时埋头练习,直到电焊枪烫得握不住才罢手。因秦毅吃饭时,也会拿着筷子模仿焊条在空中比划,"焊痴"由此得名。

不断的钻研与追求,使秦毅在实际操作中提高了自己的焊接本领,并创立了一套独特创新的仰板焊接方法,在艰苦的船舶焊接领域创造出了属于自己的辉煌。2001年1月,秦毅凭借这一绝活,在上海船舶工业公司技术能手选拔赛上以第一名的成绩胜出,并在中国船舶工业集团公司焊接比赛中勇夺第一,将"中国船舶工业集团公司技术能手"美誉收入囊中。面对荣誉的接踵而至与焊接技术的不断提升,秦毅并没有居功自傲,而是加倍努力,主动承担起各种高、难、险、急的焊接任务。他在参加国家和地方各级焊接比赛中一路过关斩将,摘金夺银,成为沪东中华造船集团有限公司最年轻的焊接高级技师、专家型人才、"全国技术能手",同时,他也是集团内获得由权威认证机构法国GTT公司颁发的殷瓦焊接G证的第一人。

从一名普通职校毕业生成长为高级技师和"全国技术能手",成功的光环背后,秦毅付出的汗水是常人难以想象的。即使是在担任了生产组长后,他也十分注重整个团队水平的提高。在他的带领下,他们班组先后被评为上海市"新长征突击队"和上海市"青年安全生产示范岗"。

 知识导播

一、中职生能成才

人才观是指关于人才的本质及其发展成长规律的基本观点。人才是具有某种特长的人。能创造良好的经济效益和社会效益,是人才的重要特征。

随着经济社会发展,人们的观念也在变化,从看重学历变为越来越看重才智和能力,看重是否具有创造良好效益的特长。中等职业学校专门培养有特定技能的高素质劳动者,而掌握特定技能的中职生在未来职业活动中勤奋向上、熟能生巧、积累经验,就能够成为创造高效益的人才。现代制造业、现代服务业和现代农业的兴起,为中职毕业生大显身手提供了舞台。

二、各行各业里人才辈出

社会对人才的需求是多样化的,只要充分发挥自己的长处,人人都有可能成为社会的有用之才。

中职生应树立"天生我才必有用"的理念,要对自己的职业生涯充满信心。自卑的人很难有大的成就。每个人都有短处,拿自己的短处与他人的长处比,越比越没信心。只有自信、自强的人,才敢于追求并获得成功。

三、树立正确的人生观,就必须具有正确的职业观

树立正确的职业观,就是要珍爱自己的工作岗位,对从事的职业有一种自豪感、神圣感和强烈的使命感。实现人生价值,必须始于足下,从爱岗敬业做起,七十二行,72000 个种类,只要珍惜,都会有所作为。切忌这山望着那山高,身在"曹营"心在"汉",横攀竖比,老想"跳槽"。清洁工人石传祥"宁愿一身臭,换来万人洁"的豪言壮语,至今广为流传;售票员李素丽在公交车上诠释了为人民服务的宗旨,受到百姓赞扬;钟南山和一大批白衣天使,在"非典"一线谱写出感人篇章,被大家誉为新世纪最可爱的人。他们都是许许多多普通劳动者的代表,在平凡岗位上干出了不平凡业绩。一步一个脚印地朝着人生目标迈进。

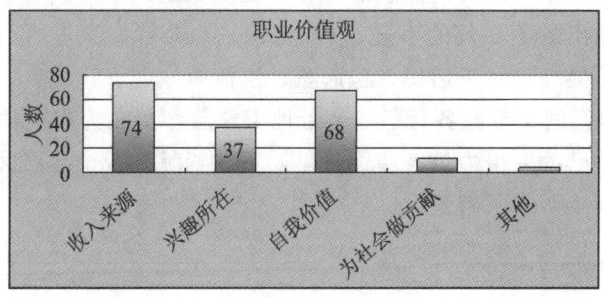

当今时代,是务实创新、人才辈出的新时代,为"三百六十行,行行出状元"创造了更有利的外部环境。在全面建设小康社会的过程中,中职生有广阔的成才天地。事实证明,一批又一批中职毕业生通过自己的拼搏,成为各自职业领域中的带头人,为本行业的发展,为祖国的繁荣富强作出了贡献。

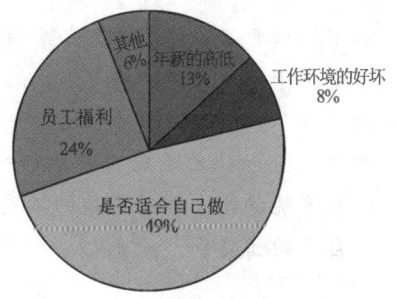

找工作时最看重的

 **阅读思考**

　　人们常说，无论职务高低都是人民的"勤务员"，但职务越高，责任越厚重。张高丽同志讲的三句话可谓荡气回肠，催人奋进："我愿做一把伞，为老百姓挡风遮雨；我愿做一块石，为群众铺路架桥；我愿做一头老黄牛，为山东的发展默默耕耘。"人生到底有没有意义？老党员甘志周，在每一个岗位都干得很出色，被评为全国劳模，受到党和国家领导人亲切接见。他经常勉励自己说："愿做革命一石条，哪里需要哪里调，党叫我铺路就铺路，让我架桥就架桥。"

　　读后感：＿＿＿＿＿＿＿＿＿＿＿＿＿＿＿＿＿＿＿
＿＿＿＿＿＿＿＿＿＿＿＿＿＿＿＿＿＿＿＿＿＿＿＿＿

 学有所获

　　活动：（1）谈一谈我们熟悉的各行各业的先进人物事迹，了解他们在平凡的岗位上做出的不平凡的事迹。（如雷锋、焦裕禄、王进喜、孔繁森、徐虎、李素丽、吴登云、王启民、包起帆、王涛等）

　　（2）同学们的父母在各行各业辛苦地工作着，都在为祖国的建设事业默默地奉献着自己的一份力量。业无尊卑，贵在奉献。谈谈自己父母的工作情况（事先让学生调查了解）。
＿＿＿＿＿＿＿＿＿＿＿＿＿＿＿＿＿＿＿＿＿＿＿＿＿

　　本课关键词集成：＿＿＿＿＿＿＿＿＿＿＿＿＿＿＿

 **学以致用**

　　一位普高校长对一位中职校长说："中职学生素质差，当中职校长真不容易。"中职校长回答："谁说中职学生素质差？！普高学生学数理化比中职学生强，但让普高学生试试刀工、勺工、上上灶台，一定不如中职学生。如果所有的学生都升重点大学，整个社会还能正常运转吗？"两位校长之间的对话，实际是发人深思的人才观讨论，是对素质的不同认识。经济社会由各行业构成，行行都能产生自己的精英和"状元"。

　　谈一谈：＿＿＿＿＿＿＿＿＿＿＿＿＿＿＿＿＿＿＿
＿＿＿＿＿＿＿＿＿＿＿＿＿＿＿＿＿＿＿＿＿＿＿＿＿

任务三　兴趣对职业生涯发展的作用

 **学习导航**

兴趣可以使自己的注意力高度集中，观察敏锐，思维活跃，想象力丰富，激发灵感，增强自信心，取得理想的学习效果。兴趣可以培养，兴趣的培养需要一个过程，专业知识和专业技能的学习与提高同样需要一个过程，今后的求职路更是一个漫长而辛苦的过程。因此，在这个过程中一定要学会坚持、永不放弃。

 **案例导学**

从舞蹈到绘画

小丽从小就多才多艺，能歌善舞，尤其喜欢跳舞，因此中专选择了舞蹈专业。小丽苦练基本功，由于舞姿优美，被同学们誉为"舞蹈仙子"。

天有不测风云，一次交通意外让小丽从此不能再跳舞了。小丽不知道自己将来的路应该怎样走，常常默默流泪，拿笔随便涂涂画画解忧。老师看到小丽的涂鸦，建议她转修美术。从小视舞蹈为最爱的小丽，只能依依惜别舞蹈，去美术专业学习。

小丽把过去对舞蹈的热情奉献给了绘画。坐在画室中，面对画纸，让灵感自由地奔涌，成了小丽最快乐的时刻。她的作品多次被推荐参加画展，她设计的广告画也得到一致好评。毕业后，许多广告公司邀请她做设计，当地

人生启迪

在了解自己的基础上选准适合自己的发展方向，明确具体的发展目标，及时抓住机遇，扬长避短地发展自己，在职业生涯发展的道路上就会比较顺利。

的动漫城也邀请她去工作。如今已小有名气的小丽，正用画笔描绘着她美好的人生。

 **知识导播**

一、兴趣对职业生涯发展的作用

兴趣是一个人积极探究某种事物的心理倾向。如果对自己的职业有浓厚的兴趣，就会在学习工作中积极探索、刻苦钻研，最大限度地发挥自己的聪明才智，使自己的职业生涯得到更快发展。

一个人对工作的兴趣与其成就大小密切相关。有关研究资料表明，如果一个人对他所从事的工作不感兴趣，那么他在工作中只能发挥其全部才能的 20%～30%，而如果一个人对他所从事的工作有兴趣，那么他就能发挥其全部才能的 80%～90%。因此，在考虑自己未来发展方向时，要尽可能在所学专业对应的职业群中，选择自己感兴趣的职业作为自己的发展方向。

二、职业兴趣

十种兴趣类型如下。

兴趣类型 1——愿与人接触

相应的职业：如推销员、公关人员、记者、咨询人员、教师、导游、服务员等。

兴趣类型 2——愿从事社会福利和助人的工作

相应的职业：如医生、律师、护士、咨询人员等。

兴趣类型 3——愿做领导和组织工作

相应的职业：如政治家、企业家、社会活动家、行政管理人员、学校辅导员等。

兴趣类型 4——愿研究人的行为

相应的职业：如社会学、心理学、人类学、组织行为学、教育学、政治学等方面的研究和调查分析。

兴趣类型 5——愿从事科学技术事业

相应的职业：如气象学、生物学、天文学、物理学、化学、地质学等研究和实验。

兴趣类型 6——愿从事抽象性和创造性的工作

相应的职业：如演员、创作人员、设计人员、画家等。

兴趣类型 7——愿干有规律的工作

相应的职业：如图书管理员、文秘、统计人员、打字员、公务员、邮递员、档案管理员等。

兴趣类型 8——愿与事物打交道

相应的职业：如制图员、修理工、裁缝、木匠、建筑工、机械制造师、计算机操作员、出纳员、记账员、会计等。

兴趣类型9——愿做操纵机器的技术工作

相应的职业：如飞机、火车、轮船、汽车的驾驶，机械装卸，建筑施工，石油、煤炭的开采等。

兴趣类型10——愿从事具体的工作

相应的职业：如室内装饰、时装设计、摄影师、雕刻家、画家、美容美发、烹饪、机械维修、手工制作、证券经纪人等。

上述所列的只是比较典型的一些兴趣类型，有的人兴趣比较单纯，上述一类就可以涵盖了；而有的人兴趣比较广泛，可能兼有上述的两类或几类，对职业的适应面比较宽。

三、兴趣需要培养

如果在所学专业对应的职业群中，没有找到自己感兴趣的职业怎么办？首先，我们应当深入了解即将从事的职业。不了解自己即将从事的职业，就认为自己不感兴趣，是不少初入学的中职生的心态，其实对这一职业群不感兴趣，主要原因在于对这些职业不够了解。人们对某种职业往往需要一个了解、喜欢、热爱、沉醉和奉献的过程。许多有成就的人并非一开始就对自己所从事的职业有兴趣，而是在后来的接触过程中了解了这个职业，通过了解开始喜欢，在喜欢的基础上产生了对职业的热爱。

其次，学好专业课。知识的积累，技能的提高，是形成职业兴趣的源泉，兴趣是在长期的教育影响与社会实践中不断发展起来的。专业课的学习过程也是对即将从事的职业深入了解的过程。

最后，要拓展自己的兴趣范围。我们应该培养自己对众多事物的兴趣，增强对陌生事物的好奇心，好奇心是形成学习兴趣的先导。

在从业过程中，如果对事业有追求，就会在目前的岗位上付出努力，从成功中获得喜悦，逐渐形成对这一职业的兴趣。对于专业已经定向的中职生来说，更应该加强培养对即将从事的职业的兴趣。

 学有所获

活动：（1）根据自己和同桌的兴趣爱好写出反映各自实际情况的语句。

我是一个_____。

我同桌是一个_____。

（2）**找一找：**（通过网络搜索）由强烈的兴趣爱好而成就事业的成功人士（如：刘欢、比尔·盖茨等）

_____

_____

本课关键词集成：_____

 **学以致用**

（1）有人给比尔·盖茨出过一个题目：有五个带锁的箱子，分别装着财富、兴趣、幸福、荣誉、成功，但只能带一把钥匙，其余的都要锁在箱子里。请问，你想带的是哪把钥匙？

比尔·盖茨的选择：兴趣！兴趣中隐藏着你人生的秘密。

你的选择是什么？

读后感：_____
_____
_____

（2）爱迪生从小就对很多事物感到好奇，而且喜欢亲自去检验一下，直到明白了其中的道理为止。长大以后，他就根据自己这方面的兴趣，一心一意做研究和发明的工作。长大后成为举世闻名的"发明大王"。爱迪生的强烈探究精神，使他对改进人类的生活方式，作出了重大的贡献。

爱迪生从小爱好实验，最终成为大发明家；王羲之从小爱好书法，最终成为大书法家；达·芬奇从小喜欢画画，最后成为画家；比尔·盖茨因爱好软件事业而投身其中，终于成为世界首富……

你对上面这段话的理解是：
_____
_____
_____

任务四　性格对职业生涯发展的作用

 **学习导航**

性格决定命运，思维决定行动。不同性格往往引导着人们做出不同的判断和行为，今后的路该怎样走才好？应该说事业的成败与个人性格有很大的关系。但是一个人一生会有不同的经历、经验与教训。他会不断地总结，保留对自己有用的、好的习惯而摒弃坏的、无益的习惯。不断完善自己的性

格，从而不断地获得进步和成功！只要不断完善自己的性格，通过努力再借助一定的客观条件就能牢牢把握自己的命运！

 案例导学

合格的汽车销售员

逸斌的父母看到国家鼓励汽车进入家庭，认为学汽车修理将来不愁找不到工作。口才好，爱交际的逸斌属于变化型、独立型、劝服型性格，拗不过父母，只好学了汽修专业。虽然他狠下工夫，但总觉得汽车构造、汽车故障排除之类的课太枯燥。当知道学修汽车的人如果学会推销往往能取得更好的业绩时，他高兴极了，决定今后向汽车营销方面发展。此后，他不但对那些原本觉得枯燥的课产生了兴趣，还想方设法把这些知识与销售汽车联系起来，同时他还选学了营销方面的知识。

人生启迪

把择业面拓宽一点，关注一下自己所学专业对应的职业群和相关职业群，就会有"山重水复疑无路，柳暗花明又一村"的感受，就有可能发现既专业对口，又符合自己性格的职业。

毕业后，逸斌找到一份汽车销售工作，性格优势得到充分发挥，业绩蒸蒸日上，毕业两年多就当上了销售部主任。

 知识导播

一、性格对职业生涯发展的作用

性格是一个人在对待客观事物和社会行为方式中所表现出来的比较稳定的个性心理特征，即一个人对事物的稳定态度和与其适应的习惯化了的行为方式。性格分为外向型、内向型、中间型三类。

外向型人的主要特征有活动性、灵动性、开放性、现实性、适应性等。

这种类型的人多为开朗的乐天派,为人处世灵活多变、热情好客,能较好地适应外界变化,善于与人打交道。然而,他们有时做事马虎、松散,容易急躁。外向型的人适合从事工作内容变化较大的职业。

内向型人的主要特征有安全性、规律性、伦理性、计划性、缜密性、克制性等。这种类型的人多数较严谨、有计划、讲信誉、遵守规则。但他们有时处事犹豫不决,迟迟不见行动。在处理人际关系时,不如外向型人爽快,易于纠结。不过,专心致志、持之以恒是内向型人的长处。内向型人能较好地处理工作内容相对固定的工作。

中间型人既有外向型人的一些特征,又有内向型人的一些特征,所以中间型人在职业适应性方面更为宽泛。

并不是每一种职业对性格都有特殊要求,例如:李白行动飘逸,性格外向,被人称为"诗仙";杜甫沉郁,性格内向,被人称为"诗圣"。性格外向的人,可以大笔勾勒、跌宕生姿;性格内向的人,可以深邃含蓄、意味隽永。

二、职业性格

性格对职业生涯有一定影响,让类似"张飞"性格的人去做文员,一定会让上司头痛;让类似"林黛玉"性格的人去开拓市场,业绩肯定不太理想。同时,不同的职业也要求从业者具有与之相适应的职业性格。职业性格是人们在长期特定职业生活中所形成的与职业相联系的比较稳定的心理特征。

职业性格分类

序号	职业性格类型	性 格 特 征
1	变化型	能够在新的或意外的工作情境中感到愉快,喜欢工作内容经常有些变化,在有压力的情况下工作得很出色,追求并且能够适应多样化的工作环境,善于将注意力从一件事转移到另一件事情上去
2	重复型	适合并喜欢连续不断地从事同一种工作,喜欢按照一个固定的模式或别人安排好的计划工作,爱好重复的、有规则的、有标准的职业
3	服从型	喜欢配合别人或按照别人的指示去办事,愿意让别人对自己的工作负责,不愿意自己担负责任,不愿意自己独立作出决策
4	独立型	喜欢计划自己的活动并指导别人的活动,会从独立的、负有责任的工作中获得快感,喜欢对将要发生的事情作出决定

续表

序号	职业性格类型	性格特征
5	协作型	会对与人协同工作感到愉快，善于引导别人按客观规律办事，希望自己能得到同事的喜欢
6	劝服型	乐于设法使别人同意自己的观点，并能够通过交谈或书面文字达到自己的目的。对别人的反应具有较强的判断能力，并善于影响他人的态度、观点和判断
7	机智型	在紧张、危险的情况下能很好地执行任务，在意外的情况下，能够自我控制、镇定自若、工作出色。在出差错时不会惊慌、应变能力强
8	自我表现型	喜欢表现自己，通过自己的工作和情感来表达自己的思想
9	严谨型	注重细节的精确，愿意在工作过程的各个环节中，按照一套规则、步骤将工作过程做得尽善尽美。工作严格、努力、自觉、认真、保质保量，喜欢看到自己出色完成工作后的效果

测一测

自己的"职业性格"，对照自测结果，看看自己有哪些相符之处，找出主要差距，应采取哪些措施来调适？

三、性格可以调适

性格存在可塑性，已经专业定向的中职生，应该按照即将从事的职业对从业者的性格要求，在日常生活、职业环境中磨炼自己，改造甚至重塑自己的性格。

现实生活中的很多例子都证明，性格不是天生一成不变的，而是可以改变的。一个女生在校读书时深沉、文静、少言寡语。而毕业后的一次同学聚会上，同学们惊异地发现，她变得精明能干、能言善辩。原来是因为她工作后从事营销，商业应酬很多，使她逐渐改变了性格，适应了职业的需要。中职生应分析自己的性格，知道自己符合哪些职业要求，哪些还需要调适。

日常生活中会发现，许多从事同一职业的人有相似的性格。其中既有原本就适合这种职业的人，也有为了职业需要调适自己性格的人。后者自然要比前者多付出，但努力了，就一定会有回报。

根据自己的"职业性格"制订出相应的职业性格调适计划。

学有所获

谈一谈：请同学们相互谈谈对方的性格类型、各自的长处及需要继续努力的方面。

找一找：在自己的亲友、熟人中，找一找性格可以调适的实例。思考取得成功的职业生涯与性格调适之间的关系。

想一想：现在我们还是在校生，应该按照社会和企业的要求塑造自己，增强竞争能力，培养创业意识。

_____

本课关键词集成：_____

 **学以致用**

改变带来了另一片天空

小李学的是仪器与电子技术专业，他性格内向、少言寡语，为人真诚、吃苦耐劳。毕业后在一家企业做电器维修工，只和机器打交道，小李感到特别满意。可是好景不长，企业破产，他只好另谋职业。

小李通过一家跨国公司的技能考核，成为一名外修技术员。这份工作需要善于和陌生人打交道，性格要外向，不然就不能胜任工作。小李除了在技术上尽快适应新岗位外，更加刻意地与别人交流，主动和陌生人交往。性格开朗起来，干劲更足了，加上他吃苦耐劳、责任心强，很快便成为外修服务的骨干。

经过几年积累，小李已经性格外向。富有冒险精神的小李，决定自己开办公司。自己经营公司并不容易，但几经挫折，小李经受住了严峻的考验，变得更加坚强。几位同学看到性格变化后的小李这么能拼敢闯，纷纷加盟合作，使他的公司更上一层楼。

读后感：_____

任务五　能力水平与职业发展

 **学习导航**

我们在选择职业或确定职业目标时，除了考虑自己的兴趣、气质、性格、价值观外，还必须考虑到自己是否具备完成职业目标工作任务时所需要的工作能力。每一项岗位，都有工作任职资格，其中能力要求又是重要的内容，也是用人单位招聘人才时重点考查的内容。

 **案例导学**

高佳芬的动漫事业

东辉职业学校毕业生高佳芬热爱动漫，在校期间参加过一系列的动漫展，其销售的 DIY 动漫周边产品，包括手绘团扇、手绘纸袋、手绘衣物、马克杯、杯垫、书签、抱枕、人偶等得到了消费者的认可与追捧。同时，高佳芬绘制的动漫书籍也曾在各大动漫展展出，引起了许多参观者的关注。高佳芬并不满足现有的成绩，她还在淘宝网上开了一个店铺，为做大做强自己的漫画事业作准备。

人生启迪

人们从事任何一种活动，必要的前提是具备一定的能力，能力是影响活动效果的基本因素。具备一定能力的中职毕业生同样可以闯出自己的一片蓝天。

 知识导播

一、能力对职业生涯发展的作用

能力往往是社会评价一个人的重要标准。从心理学角度看，能力指顺利地完成某种活动所具备的稳定的个性心理特征。能力直接影响人们工作和学习的效率。

各行各业为了保证职业活动顺利完成，都要求从业者必须具备该项职业活动所需的能力。个人能力是否符合职业要求，直接影响职业生涯发展。

二、职业能力

由于分类依据不同，能力可以有多种形式的分类。

从使用范围角度，能力可分为一般能力和特殊能力，一般能力适于一般的工作与生活，特殊能力适于某种专业的特殊工作。

从发展水平角度，能力可以分为再造能力和创造能力，再造能力是指活动中把能掌握的知识、技能按照所提供的式样予以实现，具有模仿性；创造能力是指会创造出新的、独特的东西。

心理学还将能力分为显能和潜能。显能指一个人现在已经具有的现实能力；潜能是指一个人经过进一步学习和训练，而达到更高水平的可能性能力。

职业能力是从业者在职业活动中表现出的，能动地创造自然和改造社会的实践能力，由专业能力、方法能力以及社会能力构成。

专业能力指从业者对从事职业活动所需要的专业知识、技能的掌握和运用水平，强调应用型、针对性。方法能力指从业者对从事职业活动所需要的工作方法、学习方法的掌握、选择和运用水平，强调合理性、逻辑性、创新性。社会能力指从业者在从事职业活动时适应社会和融入社会的水平、程度，强调适应性和积极的人生态度。

人的能力差异，科学家依据能力与职业的关系，把职业能力划分为以下八类。

（1）一般学习能力。这种能力是人的最基本的能力。它包括记忆能力、观察能力、注意能力、想象能力、思维能力，特别是逻辑思维能力。

（2）言语能力。它是指人对词及其含义的理解和使用能力，它表示对词、句子、段落、篇章的理解能力，以及善于清楚而正确地表达自己的观点和向别人介绍信息的能力。

（3）算术能力。它是指迅速而准确地运算能力。大部分职业都要求人们有一定的运算能力，但不同职业对人的算术能力的要求程度不同。

（4）空间判断能力。它是指能看懂几何图形、识别物体在空间运动中的联系、解决几何问题的能力。

(5) 形态知觉能力。它是指对物体或图像的有关细节的知觉能力。要看出图形的明、暗线的宽度和长度，能辨别细微的差异。

(6) 文秘能力。它是指对言语或表格式的材料细节的知觉能力。

(7) 眼手运动能力。它是指眼手准确、迅速和协调地做出精确的动作的运动反应能力。

(8) 手指灵活能力。它是指迅速、准确、和谐地操作小物体的能力。

说一说

看完上面的问题聚焦，完成下列抢答题（举例即可）。

(1) 近视患者不宜从事哪些职业？
(2) 发音不准确者不宜从事哪些职业？
(3) 手指不灵活者不宜从事哪些职业
(4) 身高不足 1.50m 者不宜从事哪些职业？

三、能力可以提高

职业能力是就业的基本条件，是胜任职业岗位工作的基本要求，是个人取得社会认可并谋取更大发展的根本所在。因此，在校学习的中职生首先应该尽可能地提高自己的职业能力。每个人的能力都是不同的。也许一个人开始时不具备某种职业能力，但只要他在职业实践中刻苦努力，职业能力不但可以获得发展和提高，还有可能挖掘出潜能。

有一个平时不爱说话的女同学，在班里是个被人指挥的配角，但她很羡慕能在大庭广众之下演讲的同学，羡慕有组织能力的班干部。她意识到缺乏语言表达能力和组织能力将失去很多机会，于是开始在小组会上积极发言，为参加演讲一次次地对着镜子训练，并从组织同学出板报开始，锻炼自己的

组织能力。终于,她不但在演讲比赛中获了奖,而且渐渐展现出了较强的组织能力。

四、提高职业能力的方法

(1) 好好学习。能力发展是在不断掌握和运用知识、技能的过程中完成的,没有扎实的专业知识就谈不上职业能力的提高和发展。

(2) 重视实践。实践是形成能力的唯一途径。职业能力和职业实践是互相作用的;从事一定的职业实践需要以一定的职业能力为基础;职业能力又是在职业实践中不断提高。

(3) 培养良好的品质。良好的品质对于职业能力的开发和培养具有重要的意义,能力使人保持旺盛的求知欲和进取精神,从而促进职业能力的发展。

 阅读思考

陈景润和张秉贵的职业能力

著名数学家陈景润曾经当过中学数学教师,但不太受学生欢迎。因为他的口头语言表达能力较差,人际交往能力和组织管理能力也不强。但他的学习能力极强,有超常的记忆能力、注意能力、想象能力、算数能力和高于常人的逻辑思维能力。这种能力特征,使他能成为攀登科学高峰的数学家,却不能成为合格的中学数学教师。

北京市百货大楼优秀销售员张秉贵,以一团火的精神为顾客服务。他苦练基本功,锻炼出良好的语言表达能力、眼手协调能力、手指灵活能力和心算能力,做到在连续作业时,平均50秒钟接待一位顾客,成为全国劳动模范。他创造的"接一、问二、联三"的方法能同时接待三位排队顾客,即接待第一位顾客时向第二位顾客问好,并用点头或眼神向第三位顾客示意。他还采用一口清的办法,一口气报出商品单价、实重、应收款、实收款、应找款;并采用一抓准的方法,熟练地对糖果进行抓、称、包、扎等工序。

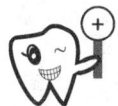 **温馨提示**

不同职业对从业者的能力要求不同。具有符合职业能力要求的能力,是职业生涯发展得以成功的保证。对职业的热爱,能促使从业者锻炼出超乎常人的职业能力。

读后感:_____
_____
_____

 学有所获

议一议:如果你选择下列职业,你会如何做好本职工作?

A. 假如你是一名售货员,你打算怎样做好自己的本职工作?
B. 假如你是一名警察,你打算怎样做好自己的本职工作?
C. 假如你是一名护士,你打算怎样做好自己的本职工作?
D. 假如你是一名教师,你打算怎样做好自己的本职工作?

谈一谈:能力对职业生涯发展有没有作用?具体体现在哪些方面?
_____
_____

本课关键词集成:_____

 **学以致用**

中职生就业率超过本科生

日前,北京对外服务有限公司发布了本年度大学毕业生的就业形势报告,其主要观点包括:高职生就业率超过本科生、大学生普遍求稳、经济刺激计划影响人才需求、高级研发人才依然"吃香"。其中,尤其引人关注的是高职生就业率超过了本科生。

学历VS能力

其实,北京高职生的就业率从2005年开始就超过了本科生。近年来,全国大城市如北京、上海、广州等地,高职生的就业率也大幅超越本科生,至今已成一种普遍现象。在谈及为何高职生的就业率"居高不下"的时候,教育业内一位资深的专家评论道:"职业能力强、专业对口人才的紧缺、订单培养人才是高职毕业生就业率走高的根本原因。"

读后感：_____

_____

_____

任务六　职业价值取向及其调整

 **学习导航**

哪个职业好？哪个岗位适合自己？从事某一项具体工作的目的是什么？这些问题都是职业价值观的具体表现。在为自己做职业生涯规划之前，一定要清楚和明确自己的职业价值观。树立"先就业，图生存，再择业，谋发展"的正确就业观。

 案例导学

"美丽"的成功

刘美是一所职业学校设计专业高三就业班的学生。她学习刻苦，品学兼优，在校期间是学生社团活动的灵魂人物，多次被评为三好学生、优秀学生干部。面临就业，父亲帮她在叔叔的公司找了一个财务的工作。父亲和叔叔都认为，女孩子做财务既稳定又有一定的发展前途，公司月薪3000元，做好以后还有提高。同时，在学校的推荐下，一所广告公司也愿意接受刘美到公司做平面设计员的工作，月薪1800元。

刘美说服了父亲和叔叔，到了广告公司做与自己专业相同的平面设计。

人生启迪

人生面临很多选择，作为人生重要部分的职业生涯也是如此。刘美的成功在于有明确的职业价值取向并且为之奋斗。不考虑收入、地位，尽力挖掘自己的潜力，施展自己的本领，并视此为有意义的生活。

在一次为饮料公司设计的平面广告中，刘美发现公司通过的一项设计是抄袭国外一个著名设计师的设计。这时刘美很犹豫，跟公司说明真相，否则一旦刊登出来有可能引发官司；装作不知道听天由命，因为这个设计是好朋友陈丽设计的，说出去也许这个朋友就没有了。

刘美左思右想以后，主动找了陈丽，在一番劝说下陈丽自己同公司说明了设计的真实出处。为了避免不必要的麻烦，公司换下了陈丽的设计。刘美也保护了自己和陈丽的友情。

转眼工作了三年，刘美已经有了丰富的经验和客户源。逐渐萌生了自己创业的想法。于是便和陈丽注册了一家美丽平面设计室，两个人又拉业务又做设计，虽然辛苦但是快乐，公司慢慢走上正轨。两年以后，刘美已经从一个刚踏入社会的毕业生转变成一个成功的创业者。

 知识导播

一、形形色色的职业价值取向

职业价值取向是人谋取一份职业的社会行为目的，它决定人的就业方向和职业行为，影响人在职业活动中的态度，是人在从业过程中的驱动力。不同的人职业价值取向不同，一般来说，绝大多数人的职业价值取向不是单一的，往往有多种，是综合性取向。

二、从实际出发调整自己的职业价值取向

个人的职业价值取向，必须从实际出发。所以要经常反思自己的职业价值取向，并及时调整使之符合实际，让自己经常处于心情舒畅、精神焕发的心境之中。

职业价值取向可以分为三大类。

（1）维持并提高物质生活的需要，通过从事职业活动取得报酬，满足衣、食、住、行等方面的需求。

（2）满足精神生活，实现人生价值，特别是发展个性的需求，在物质生活水平大大提高的今天，人们的这种需要越来越强烈了。

（3）承担社会义务的需要，即通过职业活动，履行社会分工中应尽的职责，为祖国，为人民多作贡献，尽一个公民应尽的义务。

不同思想环境的人，对这三种需求排列的次序不同，但多数人追求的是多重满足，即希望为社会多作贡献，又希望个人的物质、精神得到满足。我们要善于根据实际情况，处理好三者之间的辩证关系。

三、中职生应该树立怎样的就业观

俗话说,"思路决定出路,观念决定行动"。所以,树立正确的就业观和择业观是求职活动的基础和前提,也是事业成功的起点。作为中职生应树立怎样的就业观呢?

1. 就业凭竞争,上岗靠本事

中职毕业生必须摆脱被动依赖、消极等待的状况,敢于竞争。在择业中,勇敢地推销自己,以自信、冷静的态度,扬长避短,主动出击,突出介绍自己的"闪光点"和自己与众不同的地方,以赢得择业的最后胜利。

2. 行行可建功,处处能立业

三百六十行,只有分工的不同,没有高低贵贱之分。当年刘少奇同志对掏粪工时传祥就曾说:"虽然我是国家主席,你是普通工人,但只是分工不同,我们都是人民的勤务员,都在为人民服务。"建造一座大厦,需要钢筋水泥,也需要砖瓦木石,建设一个国家,离不开钱三强、华罗庚等学识渊博的科学泰斗,也需要像徐虎、李素丽等这样的普通劳动者。三百六十行,行行出状元。成功的道路千万条,条条大路通罗马。一切社会需要的职业和劳动岗位都是平等的、光荣的。为社会作出贡献的人都是成功人士。

 学有所获

了解父母当初选择此职业时的原因?分析他们的职业价值取向。并将自己与父母的职业价值取向进行比较,找出其中的共性与不同之处。

_____

本课关键词集成:_____

 学以致用

向上走　向下走

小李和小刘是某职教中心机电专业同学，来自同一个小镇。毕业时，省会一家知名企业吸引了两人，但这家企业没有适合机电专业的岗位。

小李托关系进入这家企业，并庆幸自己有了衣食无忧的前程。小刘决心学以致用，进了家乡的一家小工厂，收入少但专业对口，能用自己的才能为家乡出一份力。三年后，小刘凭自己过硬的技术，踏实肯干的工作态度和良好的人际关系，被提拔为车间主任。两人相遇，小李西装革履，小刘身着工作服。小李拍拍小刘的肩膀说："向上走，在大城市舒服一点，向下走在小庙里太苦喽"。

又过了几年，没有特长的小李终于被大公司裁员。他拿着招聘简章到一家公司登门求职，与小刘不期而遇。原来小刘所在的工厂扩大规模、改制公司、广招人才，小刘升任公司总经理。小刘握着小李的手说："来吧，公司需要学机电专业的人"。

（1）请两位同学分别扮演小李和小刘（重点是表演小李和小刘的两次相遇）。

（2）为什么小李和小刘人生的轨迹发生了较大差异？

_____
_____

项目七

职业生涯发展目标与措施

 **单元导读**

目标是心中的罗盘。人生因为有目标,才会执著地去追求。你有职业生涯发展目标了吗?这个目标能达到吗?通过这一单元的学习,我们将学会怎样选择、怎样制订切实有效的发展措施,在此基础上设计一个既现实,又能激励自己奋发向上的职业生涯规划。

任务一　确定发展目标

 **学习导航**

通过本节课的学习，你将会明白：在了解自己的基础上选准适合自己的方向发展，明确具体的发展目标，及时抓住机遇，扬长避短地发展自己，在职业生涯发展的道路上就会比较顺利。

 **案例导学**

马和驴子

人生启迪

这个故事给我们最大的感触就是：要像故事中的马一样，做事情一定要有一个长远的目标，并为之奋斗。对于人生来说，尤其如此，要懂得合理规划自己的职业生涯，有目标有计划地前进。

在唐太宗贞观年间，有一匹马和一头驴子，它们是好朋友。贞观三年，这匹马被玄奘大师选中，出发前往印度取经。17年后，这匹马驮着经书回到长安，重到磨坊会见驴子朋友。老马谈起这次旅途的经历，浩瀚无边的沙漠，高耸云霄的山岭，凌云的冰雪，壮阔的波澜……神话般的一切，让驴子听了大为惊异、好生羡慕！驴子惊叹到："你有多么丰富的见闻呀！那么遥远的道路，我连想都不敢想。""其实，"老马说："我们跨过的距离是大体相等的。当我向西域前进的时候，你一步也没停止。不同的是，我同玄奘大师有一个遥远的目标，按照始终如一的方向前进，所以我们走进了一个广阔的世界。而你被蒙住了眼睛，一生就围着磨盘打转，所以永远也走不出这个狭隘的天地。"

 **知识导播**

一、职业生涯规划发展目标的构成

职业生涯发展目标分为长远目标和阶段目标。

确定长远目标是职业生涯规划的关键环节，其他环节全部围绕长远目标的确定展开。分析发展条件是确立长远目标的准备工作，构建发展台阶、制订发展措施是为实现长远目标服务的。

长远目标的实现，需要经历一个个阶段目标。阶段目标搭建是否合理，既是长远目标能否实现的必要前提，也是衡量职业生涯规划设计优劣的重要指标。有效的职业生涯规划，需要将长远目标与阶段目标相结合，以排除不必要的犹豫和干扰，全心致力于目标的实现。最后获得成功的人，都有明确的职业发展目标，有锲而不舍的劲头，不会为一时的风吹草动所左右。

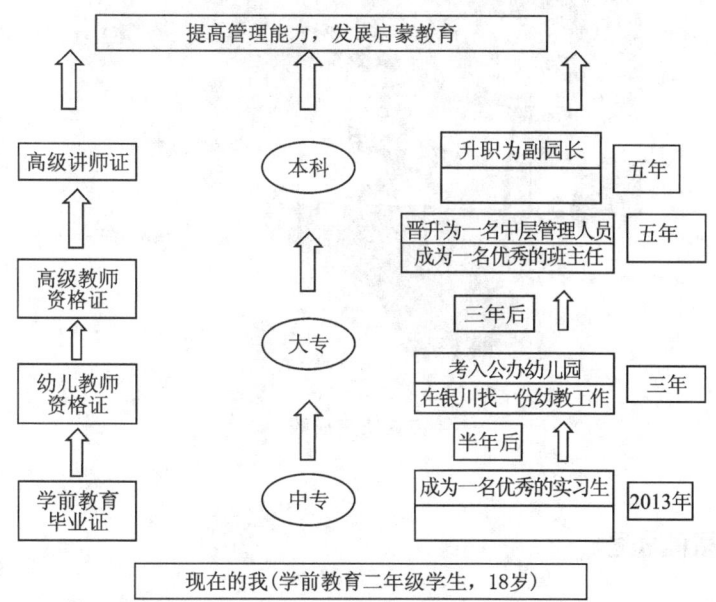

目标（goal）一词最早来源于体育界，最初的意思是终点，例如冲刺杆，后来泛指努力或奋斗要达到的目标。确立目标是制订职业生涯规划的关键。

美国前总统罗斯福的夫人在中学读书时，要在电讯业找一份工作，父亲把她介绍到美国无线电公司。董事长萨尔洛夫将军，问她要什么工作，她说随便吧，将军说："没有一类工作叫随便，成功的道路是目标铺成的。"

确定职业目标可以成为追求成功的驱动力，古人云："志不立，天下无可成之事。"没有目标，如同驶入大海的孤舟，四顾茫茫，不知该走向何方。人天生就是公平的，都只有一辈子，都只是短短的几十年，但是每一个人的人生都是不同的，那只是因为各自对生活的追求不一样，从而致使自己在社会中扮演的角色不一样。不论自己从事哪一方面的工作都要相信，天生我才必有用，我们都是自己生活中的主角，人生的这部书还得由自己来写。职业生涯目标的确立，是制订职业生涯规划的核心。

目标之所以有用，在于它能帮助我们从现在走向未来。规划自己的职业生涯，就是将理想的人生化为现实的人生。有目标，生活才不盲目；有追求，生活才有动力。要想取得人生的成功，必须及早设定明确、正确的人生目标。没有蓝图，无法建成高楼大厦；没有目标，难以拥有美好人生。有了明确的目标,才会激励人们努力奋斗,并积极去创造条件实现目标,如此才能避免随波逐流,浪费青春。

方向决定成败

 阅读思考

目标和人生的关系

1. 拿破仑

拿破仑曾经有一句名言:"不想成为将军的士兵,不是一个好士兵。"最后拿破仑不但成为将军,还成为元帅,最后还当上了皇帝。可以看出,拿破仑首先有这样一个目标,才为他以后实现目标奠定了一个最根本的基础。

2. 张无忌

在金庸先生的小说《倚天屠龙记》里我们可以看到,后期张无忌几乎具备了所有当皇帝的条件,但他最后没有成为皇帝,而被朱元璋取代了。原因只有一个,张无忌根本没有想过当皇帝,换句话讲,他从来就没有当皇帝的人生目标。

提醒您:
我们每一个人,都应该很清晰地为自己设置人生的目标,这是非常重要的。否则,即使具备很多外部条件,包括在社会的条件以及方方面面的条件,恐怕你也不一定会成功。

> **名言警句**
>
> 成功的人和不成功的人就差一点点：成功的人可以无数次修改方法，但绝不轻易放弃目标；不成功的人总改目标，就是不改方法。

二、职业生涯发展目标必须符合发展条件

职业生涯发展条件有外部、内部两类。外部条件主要指本人可能有的发展机遇，即家庭状况、区域经济特点和行业发展动向。内部条件主要指自信心和现实的个性特点、学习状况、行为习惯及其变化趋势。

要选择适合自己的发展目标，因为职业生涯规划不是对个人职业前途不切实际的幻想，而是对个人职业前途脚踏实地的瞻望，是追求成功职业生涯和人生发展的规划。不同的发展目标，对从业者智能、个性等方面的要求不同，与个人所处的环境关系密切，所以发展目标必须符合实际。

确立目标的过程，实际是个以自我设定目标为结果的自我认知、自我赞同、自我承诺、自我实践的过程。自我认知、自我赞同，指的是实事求是、一分为二地看待自己，以使目标既立足现实，又不妄自菲薄。自我承诺、自我实践，指的是下定实现目标的决心，化意愿为行动，以使目标成为激励自己的动力，使自己所定的目标能真正实现。

进行职业生涯设计时，所定的目标必须既实事求是，又激人向上。眼高手低或自惭形秽，是许多青年人走向社会、初涉人世时易犯的毛病。为了确定发展的长远目标，我们必须理清个人职业价值取向，认真分析本人生理和个性特点、学习状况和行为习惯等方面的现状和变化趋势，对自己有一个比较准确的综合判断。只有在实事求是地分析发展条件的基础上选择发展目标，才能使自己的学习、工作以及各种行动措施沿着职业生涯规划预定的路线前进。

自我剖析，既要立足现实，看清"现在的我"，更要着眼发展，看到"将来的我"。要找出自己与众不同的地方并发扬光大。职业生涯设计的关键，在于立足现实、瞻望未来、目标明确、措施到位，这样才能不断提升自身素质，朝着预定方向发展，使自己有一个成功的职业生涯。

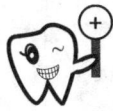
温馨提示

只有符合自身条件的职业生涯发展目标，才能通过自己的努力得以实现。

学有所获

活动：了解"现在的我"，预测"明天的我"，找准优势、找出差距。

职业生涯发展目标必须符合外部条件和内部条件。"将来的我"可能是什么样子？请对照"将来的我"说说"现在的我"有哪些优势和不足？

_____
_____
_____

本课关键词集成：_____

 **学以致用**

认真回想一下你各个时期所定的人生目标，分析一下哪些目标是真正现实的，能够实现的，哪些目标只是空想？而那些现实的目标又有哪些已经实现了，有哪些没有实现，没有实现的原因是什么？

_____
_____
_____
_____
_____

任务二 构建发展阶梯

（一）阶段目标的特点及其设计思路

 **学习导航**

发展目标符合本人实际和行业发展趋势，长远目标能激励自己奋发向上，阶段目标层次清楚、内容明确、任务具体，能够通过不断提升自身素质来攀登职业生涯阶梯，这些反映了一份好的职业生涯规划的基本特征。

 **案例导学**

凭智慧战胜对手

1984年，在东京国际马拉松邀请赛中，名不见经传的日本选手山田本一出人意料地夺得了世界冠军，当记者问他凭什么取得如此惊人的成绩时，他说了这么一句话："凭智慧战胜对手。"当时许多人都认为他在故弄玄虚。马拉松是体力和耐力的运动，说用智慧取胜，确实有点勉强。两年后，意大利国际马拉松邀请赛在意大利北部城市米兰举行，山田本一代表日本参加比赛又获得了冠军。当记者问他成功的经验时，性情木讷、不善言谈的山田本一仍是上次那句让人摸不着头脑的话："用智慧战胜对手。"10年后，这个谜终于被解开了。山田本一在他的自传中这么说："每次比赛之前，我都要乘车把比赛的线路仔细地看一遍，并把沿途比较醒目的标志画下来，比如第一个标志是银行，第二个标志是一棵大树，第三个标志是一座红房子，这样一直画到赛程的终点。比赛开始后，我就奋力地向第一个目标冲去，等到达第一个目标后又以同样的速度向第二个目标冲去。40多公里的赛程，就被我分解成这么几个小目标轻松地跑完了。起初，我并不懂这样做的道理，我把我的目标定在40几公里处的终点线上，结果我跑到十几公里时就疲惫不堪了，我被前面那段遥远的路给吓倒了。"

人生启迪

每达到一个小目标，都使他体验了"成功的感觉"，而这种"感觉"强化了他的自信心，并推动他稳步发掘潜能去达到下一个目标。在现实生活中，我们很多人做事之所以会半途而废，往往不是因为难度较大，而是觉得成功离我们较远。确切地说，我们不是因为失败而放弃，而是因为倦怠而失败。

 知识导播

一、阶段目标的特点与要素

长远目标是分阶段实现的，各阶段目标之间的关系应该是阶梯形的，前一个目标是后一个目标的基础，后一个目标是前一个目标的方向，所有的阶段目标都指向长远目标。

1. 阶段目标的特点

阶段目标有三个特点：一是必须"跳一跳"，为之付出努力，不是轻而易举能达到；二是"够得到"，可望又可及，不脱离自身条件，不脱离社会现实；三是"很具体"，能让自己明确，为实现这个目标到底需要从哪几个方面做出哪些具体的努力。

2. 阶段目标"四要素"

职业生涯规划的阶段目标应包含以下四要素：一是"什么"，即具体的职位、技术等级等；二是"何时"，即什么时间达到；三是"内涵"，即该职位对从业者素质的具体要求，以及该职位对从业者可能有的精神、物质方面的回报或其他期望;四是"机遇",即达到此目标应有的外部环境,以及环境变化后的调节手段或备选方案。

按照以上四要素对阶段目标的阐述越具体、详尽,其激励作用越明显。阶段目标不应仅仅是职位的定位,因为与职位相对应的有责任、绩效和挑战,要胜任这一职位,并将此职位作为自己发展的阶段目标,我们就应该对这一职位对从业者的要求有全方位的了解。

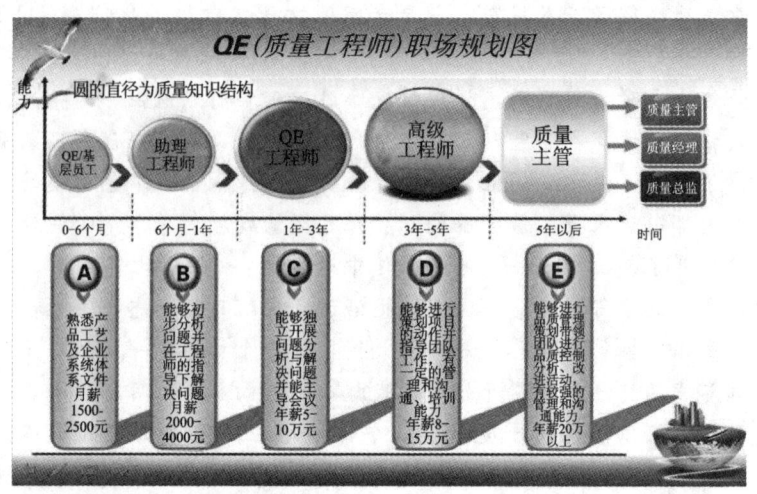

二、阶段目标设计要领与思路

阶段目标构成职业生涯规划的脉络,是衡量职业生涯规划优劣的重要标志。脉络清晰、分段有据、阶梯合理、内涵明确、表述准确、衔接紧凑、直指长远目标,是设计阶段目标时需要注意的。

1. 设定阶段目标的要领

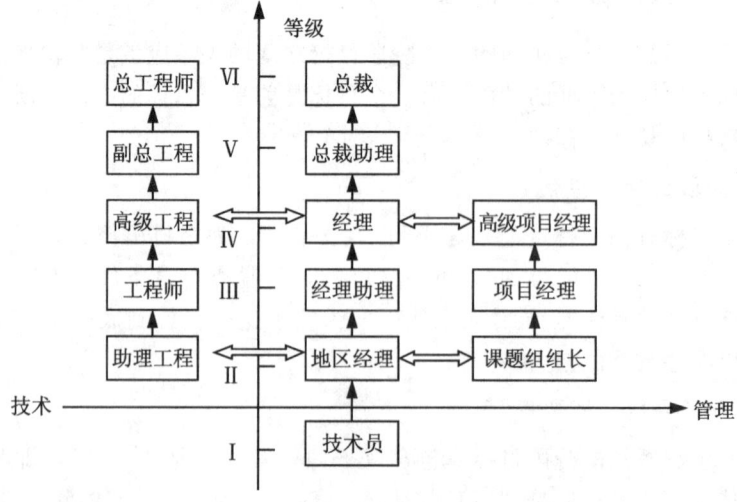

双阶梯职业生涯规划

第一，在分段数量上，职业生涯发展的阶段目标既可分为近期目标与中期目标两大段，也可细分为 3~5 个阶段，甚至更多。

第二，在表现形式上，有人用简图，有人用表格，有人用文字叙述，有人兼而用之。形式是为内容服务的，关键在于简明扼要，一目了然，能发挥阶段目标的自我激励和自我监督作用。

第三，在分段方法上，既可以按职务晋升设计自己的阶段目标，也可以按职业资格标准的提升安排阶段目标，还可以按时间设计自己的阶段目标。不论长远目标是什么，不论怎样分段，我们所学专业对应的适合横向、纵向发展的职业，都应该成为确定阶段目标的重要依据。

2. "倒计时"的设计思路

阶段目标的设计思路有很多种，最常用的是"倒计时"的方式，即根据达到长远目标所需要的台阶，一步一步往回倒着设计。"倒计时"的设计，既可以是"什么"，即以职位和职业资格标准为台阶，再确定登上每个台阶的所需的时间；也可以是"何时"，即以年龄段和时间段为台阶，再确定每个台阶应达到的目标。

"倒计时"设计应有以下步骤。

（1）理清长远目标对从业者的要求。例如，对职业资格、学历、专业知识和技能、工作经验、阅历、人际网络、资金以及职业道德等方面的要求。分析自己与这一长远目标之间的差距，把差距分类，并按与达到长远目标的关联程度排序。

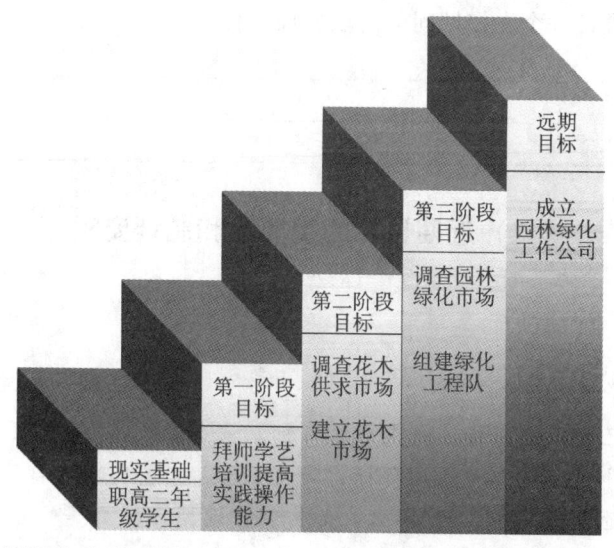

（2）以差距为依据"搭台阶"，以分阶段弥补差距为目的，选择阶段目标的"台阶"，为各段目标起个简洁、明确、醒目、层次分明的题目。

（3）注明每个台阶对从业者的要求。在各阶段目标的题目下，写清达到目标的内涵和其他相关内容。

（4）理顺各"台阶"间的衔接。对前后衔接的两个阶段目标要求进行比较，理顺"什么"与"何时"的关系。

（5）设定达到目标的标准。给每个阶段目标按自我满意度设定标准，如自我满意度高、较高、合格的阶段目标标准。要有应对变化的备案，以便根据当时的环境和机会，灵活选择不同标准，让自己有更多的机会体验成功。

构建阶段目标必须在认真分析自身现有条件的基础上，根据已确定的长远目标的要求对二者间的差距进行分析，然后分步推进。构建不断提升的各阶段目标，其目的在于分步缩小"现实的我"与"未来的我"之间的差距，分段提升自身素质，不断向长远目标攀登。

 学有所获

（1）根据阶段目标的"三特点"和"四要素"，列出自己的阶段目标。
（2）同学之间相互交流各自的近期目标，并制订要领衡量一下，议一议是否需要修改，并派出代表演示成果。

_____
_____

本课关键词集成：_____

 **学以致用**

为自己设计一个在校期间的阶段发展目标。

_____
_____
_____

（二）近期目标的重要性和制订要领

 **学习导航**

适合自己的发展目标才是最好的目标。量身定做，可望可及，成功之路就在自己的脚下。特别是近期目标，既要务实，又要能激励自己，要能实实在在地帮助你"做好自己"！那么，如何制订近期目标呢？

 **案例导学**

保险销售员的故事

有个同学举手问老师:"老师,我的目标是想在一年内赚100万!请问我应该如何计划我的目标呢?"

老师便问他:"你相不相信你能达成?"他说:"我相信!"老师又问:"那你知不知道要通过哪个行业来达成?"他说:"我现在从事保险行业。"老师接着又问他:"你认为保险业能不能帮你达成这个目标?"他说:"只要我努力,就一定能达成。"

"我们来看看,你要为自己的目标做出多大的努力,根据我们的提成比例,100万的佣金大概要做300万的业绩。一年:300万业绩。一个月:25万业绩。每一天:8300元业绩。"老师说。"每一天8300元业绩大概要拜访多少客户?"老师接着问他,"大概要50个人。","那么一天要50人,一个月要1500人;一年呢?就需要拜访18000个客户。"

这时老师又问他:"请问你现在有没有18000个A类客户?"他说没有。"如果没有的话,就要靠陌生拜访。你平均一个人要谈上多长时间呢?"他说:"至少20分钟。"老实说:"每个人要谈20分钟,一天要谈50个人,也就是说你每天要花16个多小时在与客户交谈上,还不算路途时间。请问你能不能做到?"他说:"不能。老师,我懂了。这个目标不是凭空想象的,是需要凭着一个能达成的计划而定的。"

人生启迪

目标不是孤立存在的,目标是与计划相辅相成的,目标指导计划,计划的有效性影响着目标的达成。所以在执行目标的时候,要考虑清楚自己的行动计划,怎么做才能更有效地完成任务,是每个人都要想清楚的问题,否则,目标定得越高,达成的效果越差!

 **知识导播**

1. 近期目标

近期目标是职业生涯规划中最重要的阶段目标,是职业生涯发展中第一个指向明确,并以此调整个性、提升素质的目标,具有特殊意义。中职生正处于职业生涯发展的关键时期,这既是确定发展方向的最佳时期,更是夯实职业生涯发展基础的有效时期。

我们要从所学专业出发,去了解社会、了解职业、了解自己,去认定发展方向、发展目标,特别是近期目标。要正确处理近期目标与长远目标的关系,充分利用在校学习时期,有针对性地提升自身素质,有意识地培养兴趣、挖掘潜能,主动适应职业需要,努力学习有关知识和技能,自觉提升综合职业素质、职业能力,为职业生涯发展奠定坚实的基础。

> **名言警句**
>
> 向着某一天终于要达到的那个终极目标迈步还不够,还要把每一步骤看成目标,使它作为步骤而起作用。
>
> ——歌德

2. 近期目标的制订要领

中职生职业生涯的近期目标要有中职生的特点。制订要领如下。

1) 脚踏实地、不好高骛远

近期目标是迈向成功职业生涯的第一个台阶,应该是通过努力能达到的目标。我们要让自己在攀登第一步时,能品尝到成功的喜悦,得到"成功者"的心理体验,树立起"成功者"的信念,增强为长远目标奋斗的自信。

近期目标的设计要立足于本人的当下实际,对于中职生来说,最好是一些容易就业的、要求不很高的初级岗位。好高骛远,不仅会使整个职业生涯规划建立在空中楼阁之上,而且会让自己在迈开职业生涯第一步时,就饮下了失败的苦酒。

2) 内涵充实,能激励斗志

务实的近期目标,并不是"低标准"的目标。应具有持续性、发展性的特点,能够为一生的职业生涯发展奠定基础。同时,还要有激励斗志的效果,既要为树立形象创造条件,更要激励实现长远目标的斗志。

3) 指向明确,有年级特点

不同年级的中职生,近期目标应有区别。入学不久的低年级学生,既可以把毕业时首次择业的岗位作为近期目标,也可以把升学作为近期目标,还可以把毕业时甚至二年级应取得的职业资格证作为近期目标。当然,这些标准不是学校规定标准的简单重复,必须是个性化,与自己长远目标一致的目标。高年级学生临近毕业,一般应把自己就业的第一岗位或升学的具体院校作为近期目标。

3. 围绕近期目标补充发展条件

围绕近期目标补充发展条件要着力于分析自己达到近期目标所具有的优势和差距,主要包括个性、道德水准和日常行为习惯、知识、技能等方面。分析的目的有两个:一是进一步挖掘自己的优势,强化发展自己的自信心;二是明确自己与近期目标存在的差距,为制订"补短"的发展措施打基础。

总之,在阶段目标初步确定后,还需要回头分析完善发展条件,即进一步找到实现近期目标的优势与差距,才能增强实现目标的自信,才能让发展措施有针对性、操作性强,才能使规划不只是挂在墙上的一张纸。找到自己的优势和差距,将"扬长补短"与"扬长避短"紧密结合起来。要坚信:知识不够,可以通过勤奋学习来补充;技能较差,可以通过刻苦训练来提高;个性有弱点,可以通过努力来塑造。

> **名言警句**
>
> 现实是此岸,理想是彼岸,中间隔着湍急的河流,行动则是架在川上的桥梁。
>
> ——克雷洛夫

 学有所获

(1) 写出自己的职业理想,同学之间相互交流,并说出自己树立职业理想的依据是什么?

(2) 结合每个人的特点讨论分析,谁的职业理想实现的可能性更大?

_____

本课关键词集成:_____

 **学以致用**

设计一份适合自己的职业生涯规划表。

我的职业规划	阶段目标		长远目标		
			时间	目标	措施
		一			
		二			
		三			
		四			

任务三 制订发展措施

 **学习导航**

实现目标，需要制订落实计划的措施，意志坚定地执行。珍惜在校生活，不仅仅是为实现近期目标，更是为一生的发展奠定基础。

 案例导学

懒汉的祈祷

曾经有一个人给自己立了一个目标，就是在有生之年赚100万元，但是他一无技术，二不勤奋，他幻想通过向上帝祈祷中彩票来发财。于是，他每隔两天都要到教堂去祈祷，而且他的祈祷词几乎每次都是同样的。"上帝啊，请念在我多年来敬畏你的份上，让我中一次彩票吧！"但是，每一次上帝都没有满足他的愿望，就在他濒临绝望的时候，上帝出现了，并对他说："老兄，我实在没办法帮你，最起码你要去买一张彩票吧！"

人生启迪

这个故事告诉我们：一是制定目标要切合实际，不切实际的目标只能是空想；二是一个人在确定了目标后，行动便成了关键的环节。没有达成目标的行动，目标就难以实现，也就谈不上事业的成功。

 知识导播

一、制订发展措施的重要性

要实现目标，必须有实实在在的具体办法。措施即针对实际情况为实现目标而采取的处理办法。没有措施的规划，只是一个无法成真的美梦。我们要想实现自己的职业生涯发展目标，必须有针对性强的措施。

目标变成现实，需要为之付出实实在在的努力。如果没有行动，目标也只能停留在空想阶段。职业生涯规划发展措施应当切实、明确，有可行性，并在行动中落实，否则，规划只能是一纸空文。

 **阅读思考**

确立了自己的目标，就要全力以赴。决不能为自己的一丝松懈开脱。一个出身贫困的美国黑人，年轻时胸怀大志，为帮补家计，凭借自己壮硕的身

体,从事各种繁重的工作。有一年夏天,他在一家汽水厂当杂工,除了洗瓶子外,老板还要他拖地板、做清洁等,他总是毫无怨言地认真去干。一次,有人在搬运产品中打碎了 50 瓶汽水,弄得车间一地玻璃碎片和团团泡沫。按常规,这是要弄翻产品的工人清理打扫的。老板为了节省人工,要干活麻利爽快的黑小伙去打扫。当时他有点气恼,欲发脾气不干,但一想,自己是厂里的清洁工,这也是分内的活儿。于是,他尽力地把满地狼藉的脏物扫得干干净净。过了两天,厂负责人通知他:他晋升为装瓶部主管。从此,他记住了一条真理:凡事全力以赴,总会有人注意到自己的。他就是鲍威尔。

不久,鲍威尔以优异的成绩考进了军校。后来,鲍威尔官至美国参谋长联席会议主席,衔领四星上将;他又曾膺任北大西洋公约组织、欧洲盟军总司令的要职;布什总统组阁时,他被任命为国务卿。鲍威尔在五角大楼上班时,这位四星上将往往是最早到办公室又是最迟下班的。同事们曾赞赏说:"我们的黑将军,无处不身先士卒啊!"

全力以赴使一个黑人走进了白宫,走进了美国最高权力核心。可见,全力以赴是一种奋力向前的精神,全力以赴是一种坚忍不拔的信念,全力以赴是一种舍我其谁的品格,全力以赴也是一个人左右逢源、功成名就的可靠保障。因此,我们凡事都要全力以赴!

只有这样,我们才能离目标越来越近。

读后感: 这个故事告诉我们一个什么道理?_____
_____
_____

二、措施的要素及制订要领

1. 措施的三个要素

实现目标的措施有三个要素:任务(含方法)、标准和时间。措施不但应该有实现目标的具体任务(含方法),而且要有完成任务的标准。时间包括两个方面:一是目标完成期限,二是落实措施的时间进度。

2. 措施的三个制订要领

职业生涯发展措施的制订要领有三点,即措施必须是具体的、可行的、针对性强的。"具体"强调措施的内容要实在,清晰明确;"可行"强调措施要符合自身条件和外部环境,有可操作性;"针对性强"则强调措施不但直接指向目标,而且指向本人与目标的差距。人的精力是有限的,针对性强的措施才能体现其实现目标的效益和效率。

三、落实近期目标的措施要有计划

措施必须去落实,否则目标永远无法实现。对于实现近期目标的措施,更要有实施的计划。我们应该学会制订执行计划,并用执行计划约束自己的行为。

试一试：用简单明确的话，把下周七天的安排写出来。

_____

_____

_____

　　编排执行计划可以采用从年开始，向月、周、日细化的方法。年度计划可概括，月、周、日计划要详细。内容应按轻重缓急排序。

　　措施的落实最终要落到每天的安排上，因此，日计划和每天的执行是关键。日计划是周计划的再一次细分。今天怎样度过？要做哪几件事？这就是每天的计划和具体安排。当天最重要的事，要在前一天做好计划，这样才能掌握好每一天。

　　其实，每个人心中都有一座山峰，雕刻着理想、信念、追求和抱负；每个人心中都有一片森林承载着收获、芬芳、失意与磨砺。但是，无论眼前闪过多少美丽的画卷，没有付诸行动，那么，一切都是镜中花，水中月。一个人，若想获得成功的鲜花和掌声就注定了要经历一路的荆棘与坎坷。

　　因此，希望同学们从今天开始，定下人生目标，做好规划，积极行动起来，为美好的未来而努力奋斗吧！

 阅读思考

成功就是简单的事情重复做

　　全国著名的推销大师，即将告别他的推销生涯，应行业协会和社会各界的邀请，他将在该城中最大的体育馆，做告别职业生涯的演说。那天，会场座无虚席，人们热切地、焦急地等待着那位当代最伟大的推销员，作精彩的演讲。当大幕徐徐拉开，舞台的正中央吊着一个巨大的铁球。为了这个铁球，台上搭起了高大的铁架。一位老者在人们热烈的掌声中，走了出来，站在铁架的一边。他穿着一件红色的运动服，脚下是一双白色胶鞋。人们惊奇地望着他，不知道他要做出什么举动。这时两位工作人员，抬着一个大铁锤，放在老者的面前。主持人这时对观众讲："请两位身体强壮的人，到台上来"。好多观众站起来，转眼间已有两名动作快的年轻人跑到台上。

　　老人这时开口讲规则，请观众用这个大铁锤，去敲打那个吊着的铁球，直到把它荡起来。一个年轻人抢着拿起铁锤，拉开架势，抡起大锤，全力向那吊着的铁球砸去，一声震耳的响声，那吊球动也没动。他就用大铁锤接二连三地砸向吊球，很快他就气喘吁吁。另一个人也不示弱，接过大铁锤把吊球打得叮当响，可是铁球仍旧一动不动。台下逐渐没了呐喊声，观众好像认定那是没用的，就等着老人做出什么解释。会场恢复了平静，老人从上衣口袋里掏出一个小锤，然后认真地，面对着那个巨大的铁球。他用小锤对着铁

球"咚"敲了一下，然后停顿一下，再一次用小锤"咚"敲了一下。人们奇怪地看着，老人就那样"咚"敲一下，然后停顿一下，就这样持续地做。十分钟过去了，二十分钟过去了，会场早已开始骚动，有的人干脆叫骂起来，人们用各种声音和动作发泄着他们的不满。老人仍然一锤一停地工作着，他好像根本没有听见人们在喊叫什么。人们开始愤然离去，会场上出现了大块大块的空缺。留下来的人们好像也喊累了，会场渐渐地安静下来。大概在老人进行到四十分钟的时候，坐在前面的一个妇女突然尖叫一声："球动了！"刹那间会场立即鸦雀无声，人们聚精会神地看着那个铁球。那球以很小的摆幅动了起来，不仔细看很难察觉。老人仍旧一小锤一小锤地敲着，人们好像都听到了那小锤敲打吊球的声响。吊球在老人一锤一锤地敲打中越荡越高，它拉动着那个铁架子"哐、哐"作响，它的巨大威力强烈地震撼着在场的每一个人。终于场上爆发出一阵阵热烈的掌声，在掌声中，老人转过身来，慢慢地把那把小锤揣进兜里。老人开口讲话了，他只说了一句话："在成功的道路上，如果你没有耐心去等待成功的到来，那么，你只好用一生的耐心去面对失败。"

读后感：_____
_____
_____

 学有所获

活动：以小组为单位，在小组内交流各自实现近期目标的措施，听听别人的，想想自己的，然后修改自己的措施。每组推荐一篇最好的发展措施。
_____
_____

本课关键词集成：_____

 **学以致用**

"脚踏实地，追求梦想"

小惠在一所职业学校的财会专业学习。她的长远目标是成为会计师，近期目标是当一名为小企业服务的会计公司助理。为了实现自己的近期目标，她制订了详细的发展措施。

1. 在校期间为毕业后当好会计师助理和当上会计师做好准备

一年级在年级考试中取得优异成绩，考取全国计算机一级证书，会计电算化证。二年级获得会计从业资格证，养成良好的学习习惯，提升自学能力。课余时间多看一些专业书籍，周六、周日自学财经法规和财经职业道德。在日常生活中，锻炼自己与陌生人打交道的能力。

2. 毕业后到为小企业服务的会计公司当一名优秀助理，为今后当上会计师铺路

出外勤时，争取多了解服务对象的需求，为小企业排忧解难。做到对本职业工作尽职尽责。处理内容时，向高级会计师学习，争取业务指导，提交处理实际常务的能力。日常工作中，正确处理与领导、同事的关系，争取得到上级的信任。

想一想：
（1）小惠的近期目标和长远目标是什么？
_____
_____

（2）小惠制订的措施恰当吗？
_____
_____

（3）你从小惠的职业生涯规划中得到什么启示？
_____
_____

项目八

职业生涯发展与就业

 **单元导读**

　　首次就业是职业生涯发展的起点，要正视就业难的现实，珍惜首次就业的机会，丰富自己的从业经验。通过这一单元的学习，我们要学会如何适应从学生向职业人的转换，如何适应职业环境。

任务一　正确认识就业，树立正确的就业观

 **学习导航**

了解就业形势和有关就业的政策；理解就业与职业生涯发展的关系。确立正确的就业观、择业观。

 案例导学

人生启迪

你怎样看待何晓华的职业选择？就业时你更看重哪些因素？

走好职业生涯的第一步

何晓华是广州一家职业技术学校汽车维修专业的毕业生。在校学习期间，他刻苦读书、潜心钻研，顺利拿到了"汽车维修工技师证"和"汽车维修工上岗证"两个证书。在找工作时，何晓华收到了好几家公司的录用通知书。

经过再三考虑，何晓华放弃了在广州两家大维修厂工作的机会，选择了在珠海市海天汽车有限公司开始自己职业生涯的第一步。何晓华想，虽然珠海市的这家汽车公司与那两家广州的公司相比，在规模、名气、工资上都存在一定差距，但是这家公司十分重视对员工的培养，而且发展迅速。虽然前三个月试用期的工资只有700元，但何晓华并不为自己的选择感到后悔。现在，刚出校园不到半年的何晓华已经掌握了丰田、大众、马自达和金杯等好几种品牌车型的修理技术。对于未来的职业憧憬，何晓华满怀乐观。

 知识导播

一、首次就业与职业生涯发展

首次就业是我们人生中的重要转折，它将带来生活方式的重大变化，也是职业生涯发展的重要经历和起点。人的一生从索取开始，历经父母哺育、社会扶植、国家培养。不能只知索取、不知回报，必须通过职业活动反哺父母、回报社会。职业生涯从首次就业开始起步。

没有首次就业，就不可能有从业阅历，不可能对职业有真正的感悟，不可能真正实现人生角色的转换。从业阅历既是个人发展的经历，也被用人单

位在招聘时所看重。只有在从业实践中，才能真正感受和理解职业内涵、职业理想、职业道德以及职业观、择业观、创业观、成才观。从学生时代的职业准备阶段，到走向社会开始职业生涯，首次就业是人生的重大转折，也是人生角色的重要转换。

首次就业的目标要务实，忌好高骛远、眼高手低。首次就业的实际岗位可能与规划有差距，但不要轻言放弃，要从基层岗位做起，脚踏实地。经济社会往往呈波浪式地发展，用人需求也会有波动性变化。只有抓住眼前现实的需求，才可能实现我们的求职愿望。中职毕业生要胸怀大志，更要顺应时势，才能使自己的职业生涯获得成功。

> **名言警句**
>
> 在职业生涯初期，我们可能做的是自己不喜欢而且不想从事一生的工作。要分清：喜欢不喜欢这份工作是自身喜好，应该不应该做好这份工作、是否有能力做好这份工作是另一件事。

成功的定位是胜利的开始

多少英雄发誓要摆平天下
为何却折戟沉沙
多少大道通罗马
为何有人浪迹天涯
春秋一壶茶
冲泡有章法
江山一盘棋
布局讲筹划
自知之明会当家
成功定位得天下

二、就业形式与择业

1. 必须正视就业难

我国目前有 13 亿人口，是世界上人口最多的国家，有 7.5 亿人的劳动力，相当于所有发达国家劳动力资源的总和，劳动力资源供大于求的状况将长期存在。如果不能正视这一现实,就可能放弃不可多得的就业机会,职业生涯发展就难以起步。

我们应该调整就业期望值,找准坐标,从低端就业起步,从低层次岗位做起,不应梦想通过一次就业就谋取理想的工作岗位。中职生要善于发挥自己的就业优势。与大学生比,中职生有务实的就业观和动手能力强的优势,而绝大多数岗位需要动手能力强的高素质劳动者和技能性人才。中职生所学专业既有适合横向发展,拓展择业面和转岗的职业群,又有适合纵向发展,能够晋升的职业。因此,中职生在面对就业难的形势时不要气馁,要充分发挥自己的优势。

 阅读思考

今后几年新成长劳动力供给将升至峰值,加上现存的下岗失业人员,每年城镇需要就业的劳动力达到 2400 万人。而我国目前经济增长所能增加的岗位每年只有 800 万个左右。

"皮衣之都"浙江海宁市 2000 多家皮衣生产企业,共拥有日产 6 万件皮衣的生产能力,可由于缺少技工,每天至少流失 100 万美元的订单!昆山市一些企业甚至喊出了"28 万年薪聘高级电焊工"的口号,依然良将难求。

读后感:_____
_____
_____

2. 先就业,再择业

中职生在首次就业时,既要争取在条件许可的情况下,按自己规划的方向选择适合自己的岗位,又要正视就业难的现实。中职生应珍惜机会,先解决生存,再积累经验选择理想的岗位。首次就业时,择业期望值不宜过高。当就业目标与现实需求之间发生矛盾时,不妨先改变一下目标,争取及时就业,然后在新的职业领域里培养兴趣,或积极创造条件、寻找机会继续向既定的长远目标努力。

再次择业是从业者提高就业质量、调整发展方向的好机会。首次就业几年后，不少人都会产生再择业的想法。这阶段也是再择业的最佳时期，一方面已经在从业实践中对职业活动有了真实的体验，能发现自身更多的潜质；另一方面首次就业保障了生存，可以有充足的时间筛选、比较、确定适合自己发展的下一个阶段目标和调整自己的发展规划。如果在首次择业后，已经适应、热爱现在的岗位，那么再次择业时从可能晋升的几个岗位中做出选择即可，如果个人的发展目标与企业的需要一致，发展就会顺利得多。

作为现代社会中的年轻人，不应把职业单纯地看成谋求生存的手段，而应把职业视为一生追求的事业。再择业是实现个人职业生涯发展的关键环节，要考虑到可持续发展，并要侧重满足自己的职业价值取向。中职生要理解先生存、后发展的关系、通过先就业、再择业，去实现职业理想、提升人生价值，去调整、落实自己的职业生涯规划。

阅读思考

树立正确的就业观要求如下。

（1）克服好高骛远、过分挑剔，"一步到位"的思想，而应当树立"先就业，再择业"的观念。

（2）要看到现在是市场经济，市场经济必然存在着不断的竞争，因此要树立竞争就业的理念，即靠自己的实力赢得今天的就业和明天的晋升。而要获得实力，必须努力学习。

（3）社会是发展的，就业市场是巨大的，机会也会有很多。但是，要解决自身就业，应当靠自主择业的思想。

读后感：_____
_____
_____
_____

学有所获

活动：根据自己专业所对应的就业形势，联系自身情况，写一写自己的职业理想和首次就业目标。

_____

本课关键词集成：_____
_____

 **学以致用**

在了解就业形势和应当怎样对待就业、择业以后,你有新的想法吗?在下表中用简练的语言写几句。

	学习前的想法	学习后的想法
就业和择业		

任务二 做好就业准备

(一) 做好由"学校人"到"职业人"的角色转换

 **学习导航**

我们现在是"学校人",不久之后我们将会成为"职业人"。由"学校人"到"职业人"的角色转换是非常重要的。现在的我们要针对自己与"职业人"的差距,制订针对性强的训练措施,强化训练,提高角色转换的能力。

 案例导学

人生启迪

学生时代做好从"学校人"到"职业人"角色转换的准备,就能在就业以后更快地适应职业生活,从容应对不再单纯的环境,抢先站稳脚跟,更好、更快地在职业生涯的阶梯上攀登。

富士康"十二跳"

2010年1~5月份,深圳富士康发生了12起员工跳楼事件。"十二跳"中,最小的仅18岁,最大的才24岁,其中多为90后。富士康官方指出,心理承受能力差的员工大多数是中专生和刚毕业的学生。

 知识导播

一、"学校人"和"职业人"的区别

对于中职生来说,就业意味着离开校园、走向社会、开始自食其力的职业生活，从"学校人"转变为"职业人"，是人生一大飞跃。

校园、职场之间，不但环境不同，任务有别，而且人群之间也有了质的变化。"学校人"和"职场人"在社会上是两个不同的角色，其权利、义务、规范都存在极大差异。

在人生的大舞台上，不同的人扮演着不同的角色。就获取和付出而言，"学校人"通过努力学习获取今后能在社会上生存、发展的能力，主要扮演获取者的角色；"职业人"通过自己的职业活动，为他人服务，为社会贡献，并获得报酬，主要扮演付出者的角色。

二、角色转换的四个重点

从"学校人"到"职业人"是人生非常重要的角色转换，也是一次人生的跨越。这种角色转换对每个中职生迈好职业生涯的第一步非常重要。

角色转换通过两步完成。第一步是在学生时代做好转换的心理准备，了解两种角色的区别，在日常学习和生活中加强针对性训练，在实训期间有意识地强化，做好适应社会、融入社会的准备。第二步是在首次就业后，结合岗位特点，在从业实践中锻炼能力，争取尽快完成角色转换。充分做好第一步的准备工作，就能缩短第二步的时间，从而很快进入"职业人"的角色，让自己的职业生涯有个顺利的开端。

我们应该特别重视以下四方面的转变，这也是角色转换的重点。

1）成长导向向责任导向的转变

"学校人"的主要任务，是努力吸取知识，德、智、体、美等全面发展，掌握在职业生活中奋勇搏击的本领，是一个接受教育、储备知识、培养能力的成长过程。

"职业人"以特定的身份去履行自己的职责，依靠自己的本领去为社会服务，完成社会分工中应尽的职责。对一个"职业人"来说，承担并履行职业责任非常关键。责任心强不强，是用人单位考核职工的重要内容。

承担角色责任是从"学校人"向"职业人"角色转换的基础。为顺利完成这一转换，中职生在学生时代，应把每一项实验、实训当做真正的职业活动来完成，认真完成班级、学校交给的任务，有意识地培养自己的责任感。毕业后初入职场，在面对繁琐单调、重复的工作时，要克服困难，尽快熟悉新环境，找准角色、爱岗敬业、任劳任怨，进一步强化责任感。

2）个性导向向团队导向的转变

学校人际关系简单，学生以完成学习任务为主，虽然在集体中生活，但学习活动主要由个人完成。在多种形式的学习活动中，学校鼓励学生生动、活泼、主动地发展自己，个性发展在学校教育中受到特别的重视。

而到了工作岗位，人际关系会变得相对复杂。这时，团队意识就成为职业人应具备的素质之一。从宏观看，在社会分工的条件下，任何职业活动的运行，都离不开与他人职业活动的协作。在为他人提供服务的过程中，也在接受他人的服务。从微观看，职业任务的完成，不能只靠个人行为，而要靠众人的合力。现代企业重视团队精神，重视雇员之间的合作和企业的凝聚力。具有团队精神，在团队中明确自己的位置，处理好与团队其他成员的关系，是成功的"职业人"的重要特征。

只有融入团队，才能在团队中得到发展。在学生时代，我们应该热爱集体、融入集体，积极参加集体活动，在活动中有意识地培养集体主义精神，在实践中提高自己的团队意识。毕业后初入职场，要积极熟悉本职工作及所在团体的特点，使自己尽快进入角色。

3) 思维导向向行为导向的转变

"学校人"的学习活动以思维为主，主要特点是"想"。思维活动是用头脑去想、去记、去理解的活动，主要表现在意识领域，犯了错误一般不会有较严重和危害性的后果。

"职业人"的职业活动以行为为主，主要特点是"做"。有行为就有相应的后果，基本上不允许犯错误，因为一旦犯了错误就将带来不良后果。

行为不许出错，是对"职业人"的基本要求。中职生在学生时代，应该在学习理论和实操训练时，养成不允许自己出错的习惯，特别要珍视社会实践、实训实习机会，养成一丝不苟、精益求精的作风，为思维导向向行为导向的转变做好铺垫。毕业后初入职场，要尽快了解行业要求的行为要规范和工作标准，按岗位操作要领，准确完成符合行业标准的行为习惯，以不许出任何差错的态度完成每一项任务。

4) 智力导向向品德导向转变

"学校人"以学习为主，智力高、学习好的学生往往是人们心目中的佼佼者。

"职业人"以职业为主，企业效益的提高，更多的是依靠员工对企业的忠诚，依靠员工之间的精诚合作。因此，企业十分重视雇员怎样处理"做人"和"做事"的关系。

职业道德是用人单位最重要的品质。中职生在学校时代，不应重智、轻德，在学习、生活中都要认真"做人"，为职业生涯的顺利起步做好准备。毕业后初入职场，要珍惜职业生涯中的第一份工作，尽快了解行业职业道德行为标准，并以此来规范自己行为，尽快适应工作，在"做事"之中按行业要求"做人"。

如果我们能在学生时代为上述角色转换做好充分准备，又在首次就业后为之努力，就能很好地完成角色转换，迈好职业生涯第一步。

学有所获

活动：为什么有的学生每天学习很认真，利用一切机会锻炼自己提高自己，而有的学生上课时昏昏欲睡，或说话吵闹，无所事事呢？

对照自己分析上述现象产生的原因，试着找找解决方法。

_____

_____

本课关键词集成：_____

 **学以致用**

（1）班级中，和你比较要好的两个同学发生口角，你帮谁？怎么帮？

_____

_____

（2）你是劳动委员，周末大扫除活动中，有同学闲逛就是不做，你怎么办？

_____

_____

（3）寝室中，在你不知情的情况下，某人穿了你的鞋子，你怎么开口拒绝？

_____

_____

（二）做好适应社会、融入社会的准备

 **学习导航**

理解适应社会、融入社会的能力与职业生涯发展的关系，形成关注适应社会、融入社会能力的态度，针对自己与"职业人"的差距，制订提高措施，努力适应社会。

 **案例导学**

毕业生就业失败的案例

小明毕业后到一家建筑公司工作。刚开始工作不熟，领导安排的工作没有做好，领导批评了他，他受不了，说了声："我不干了。"小明离开了这家公司。失掉了这个工作。

人生启迪

小明为什么失去了这个工作？

 知识导播

一、社会能力

一个人能否适应社会、融入社会，不但直接关系求职就业的成功率，而且决定着职业生涯能否顺利发展。而适应社会、融入社会的能力即社会能力，强调在职业活动中对社会的适应性，是职业能力的重要组成部分之一。社会能力在一定程度上是做人的能力，社会能力的高低，不但反映从业者情商水平的高低，也反映这个人的道德水准。

> **名言警句**
>
> 既然不能驾驭外界，我就驾驭自己；如果外界不适应我，那么我就去适应他们。
>
> ——蒙田

人一生可能多次改换职业，但在从事每一种职业时都离不开社会能力，社会能力将伴随从业者终生。社会能力的强弱，在很大程度上决定着一个人职业生涯能否成功。社会能力促进职业生涯发展，职业生涯也在社会能力提高的过程中得到发展。社会能力包括交往和沟通、合作、自我控制、推销自我、抗挫折、谈判、组织和执行等多方面能力。

中职生结束学生时代走向社会，要想生存，就要通过工作获取劳动报酬。社会能力强，会很快被领导、同事、顾客认可和接受，相反，就可能遇到排斥和拒绝。

自己创业，对社会能力的要求更高。社会能力在一定程度上是做人的能力，社会能力的高低，不但反映从业者情商水平的高低，也反映这个人的道德水准。人一生可能多次改变职业，但在从事每一种职业时都离不开社会能力。

 阅读思考

适应新岗位

有一篇报道讲的是南沙守礁某部副政委陈安民转业后自主择业的故事。陈安民是一位退伍海军，找工作时几经周折没着落，只好在一座家属院当了门卫，但陈安民照样起早贪黑尽职尽责地工作。后来毛遂自荐，他凭着自身过硬的素质，被广州远洋运输公司任命为远洋船的政委。陈安民在部队是一

名团职干部,退伍后成了门卫,反差之大、变化之大,完全可用"天壤之别"来比喻。但他不等不靠,不怨天尤人,而是发愤图强,从而再登人生理想之路。他的成功,正是适应新情况、正确对待新变化的结果。

　　正确对待这种变化,重要的是要有宠辱不惊的心态。一首歌中唱得好:"人生好比是海上的波浪,有时起,有时落。"在人生征途顺利的时候居安思危不得意,在人生不顺的时候多思进取不气馁。有了这样一种良好的心态,什么样的处境都能适应下来。再一点就是不可顾虑太多,比如待遇问题、人际关系问题。这些虽然对我们的工作、生活有一定的影响,但相对于人生来说都不是主要的,更不是我们首先要考虑的。首先要考虑的是如何尽快适应新岗位,开拓新事业,打开新局面,让大多数人发现自己的能力。有了这些,人际关系自然就水到渠成了。

读后感:　_____
_____
_____

二、中职生社会能力提高的途径

1. 在学习中训练

　　知识是能力的基础,但不等同于能力,将知识运用于实践才会成为能力,知识转变能力要有一个转换过程,这个转换过程的完成需要训练。学校安排的一些调查、实验、实习等实践类的课程,就是为了使学生将知识转化为能力,这其中也包括社会能力。在校期间,我们应当积极、主动地完成这个转换。

2. 在日常生活中训练

　　社会能力的提高要靠日常生活的训练。平时就要注意穿衣服得体,训练自己的言行举止,争取给人们留下良好的第一印象。

　　和同学发生矛盾的时候,试着控制自己的不良情绪,久而久之情绪的控制力就提高了。有的同学平时只顾自己的学习,不愿意承担社会工作。其实承担社会工作是训练组织和执行任务能力的好机会。用人单位有时非常关注毕业生在学校期间担任过的职务,借此评估中职生的团队精神和组织执行任务的能力。

3. 在社会实践中提高

　　尽管在学校的生活可以训练自己的能力,但学校生活毕竟有一定局限性。学校的人际关系不复杂,遇到的问题和矛盾相对简单。因此,还需要在社会实践中提高自己的社会能力。中职生对社会的适应应该积极主动,在校期间应参加各种活动,也要多参加各种社会实践,这有利于提高社会实践能力。

　　只有做好准备,才能以不变应万变,无论社会的大形势怎么变化,对人才的需求是不会变的,只要自己有能力,有毅力,有决心,有目标,就一定能找到适合自己的工作。

书到用时方恨少，学到用时方恨迟。只要我们踏踏实实地学，认认真真地干，一步一个脚印地夯实就业基础，对自己充满信心，将自身学习与社会需要充分结合，就能够实现就业，实现自己的价值。请相信：机遇总是留给有准备的人！

 学有所获

活动：制约和矫正自己的行为——测测你的学习习惯

下列各题，符合自己的画"√"，不符合的画"×"，难决定的画"○"。

(1) 在家里有固定的时间学习吗？   （　　）
(2) 有面对书桌的时候就没有兴趣，而把时间浪费掉的情况吗？（　　）
(3) 身边经常备有字典、辞典之类的书籍吗？   （　　）
(4) 学习的时候有下意识的动作吗？   （　　）
(5) 在学习的时候经常沉迷于空想的状态吗？   （　　）
(6) 做过"宽带"学习的练习吗？   （　　）
(7) 学习结束之后，有收拾书桌的习惯吗？   （　　）
(8) 学习结束之后，会背诵所学内容吗？   （　　）
(9) 有一边听 CD 或看电视，一边学习的时候吗？   （　　）
(10) 做过的题还经常重看吗？   （　　）

计分方法：1、3、6、7、8、10题，答"√"给2分，"○"给1分，"×"不给分；2、4、5、9题，答"√"不给分，"○"给1分，"×"给2分。

〈等级评定〉3分以下非常差，4～7分较差，8～12分一般，13～16分较好，17分以上非常好。

测试后，评价自己的学习习惯。

_____

本课关键词集成：_____

 **学以致用**

把你认为对职业生涯发展最重要的社会能力，写在下表左侧格中。再根据自己的实际情况，在强、中、弱中选一个画上"△"。然后填写训练措施。

重要的社会能力	强	中	弱	训练措施

任务三 掌握求职的基本方法

学习导航

找工作，需要在哪些方面作准备，才能有助于成功？通过本节课的学习，你就会明白：掌握基本的求职方法和技巧，增强自信，保持积极的心态是非常重要的。

案例导学

被淘汰的第一名

日本的一家企业招聘员工，一个应聘者因未被录用企图自杀被及时发现，经抢救脱离危险。事情是这样的，原来他是所有应聘者中成绩最好的，只因为工作人员电脑操作失误，把他的成绩搞错了，公司为此向他道歉。此时的他春风得意，自认为被这家企业录用已是"板上钉钉——没跑的事"了。可没想到的是，又传来更新的消息，企业还是不准备录用他。原因很简单，公司老板说："如此小的挫折都受不了，这样的人在公司是成不了什么大事的。"

> **人生启迪**
>
> 公司老总为什么没有录用这个考了第一的青年？同学们从这个案例中得到什么启示？

知识导播

一、讲究求职技巧

求职时要做好准备，掌握适当的求职技巧，展现出自己内在的才能和优势。

1. 收集就业信息

就业信息主要用于择业决策和求职两个阶段。可通过传媒和网络、学校和中介、亲戚和朋友等多种渠道搜集就业信息。

低年级时，应注重搜集所学专业对应行业以及职业群的信息。掌握这类信息的作用，一是将其作为确定求职大方向的依据；二是将其作为按职业要求调整自我，提升素质、适应职业的标准，提高职业能力训练的针对性。

高年级时，应注重搜集具体用人单位信息。用人单位信息包括单位的业务性质、经营业绩、发展方向、公司文化、对聘用人员知识能力的要求、工资待遇、晋升机会等。掌握这类信息的作用，一是作为制订求职方案的依据，即确定具体用人单位；二是面试时，有利于和招聘者沟通。

2. 掌握面试技巧

面试是通过当面交谈对应试者进行考核的一种方式。面试时要重视行为举止，掌握谈话技巧，推测对方心理，展现自身优势。谈话时要口齿清晰，语言流利，语言要含蓄、机智、幽默、注意听者的反应。

3. 善于推销自己

在求职中，我们要消除畏惧心理，积极地向用人单位推销自己、展示自己，尽量给对方留下良好的第一印象。

要根据对方需要推销自己。针对用人单位的具体要求，强调自己的优势。比如，用人单位招聘技术工人，展示自己的语言才能，就不如介绍自己的技能特长、实训体会来得实在。专业特长加上广泛的知识面和兴趣爱好，往往会得到用人单位的青睐。

要扬长避短地推销自己。了解用人单位看重的是什么，再针对自身进行比较，找到自己的长处，并有意识地向用人单位展现。轻松愉悦地与用人单位沟通，巧妙地展示特长推销自己，是面试成功的首要条件。

要多渠道推销自己。方法有直接推销和间接推销两种。直接推销是指由本人向用人单位做自我介绍。例如，现场推销、书面推销、网络推销。间接推销是指借助中介人推荐自己。例如，请学校推荐，请老师、父母、亲友推荐。

二、在日常生活中为求职做好准备

掌握求职技巧，不能临阵磨枪，要在日常生活中为求职做好准备。

收集就业信息，对这些信息进行分类、筛选、使用，还要持之以恒。

掌握面试技巧，无论行为举止，还是谈话技巧，均非一日之功。我们应该在日常生活中纠正不良行为，养成良好习惯，为在求职中取胜做好准备。

阅读思考

勿以善小而不为

一位普通的中职毕业女生，为了减轻家里的负担，希望尽快找到一份工作。她到一家外企公司应聘，经理看了她的履历表，婉言谢绝了。她收拾起材料，准备告辞。但她起身时，扶椅子的手掌被钉子扎了一下。原来椅子上有一颗钉子露出了头，幸好手掌没被划破。她见房角有个锤子，在征得同意后用锤子把钉子钉了进去，然后转身离去。几分钟后，经理派人将她追了回来,原来她被录用了。

读后感: _____
_____
_____

> **名言警句**
>
> "推销"自己是一种才华,是一种艺术。有了这种才华,你就能安身立命,使自己处于不败之地。你一旦学会了"推销"自己,你就可以推销任何值得拥有的东西。
>
> ——戴尔·卡耐基

善于推销自己是一种重要的社会能力,需要有一定的口头、文字表达能力。

三、求职过程中要保持积极的心态

中职生求职,不可避免地会遇到困难和挫折。因此,必须保持良好的心态。

第一,要正视现实和自我,从实际出发,处理好理想与现实的关系。对自己有充分的认识,有助于将主观愿望与客观实际结合起来。

第二,要敢于竞争,保持良好的竞争心态。竞争能使你自身潜能得到最大限度的释放和发挥,是实现自我价值的一种有效方式。

第三,要不怕挫折,遇到挫折后应采取积极的态度分析失败的原因。人生不可能永远顺利,往往伴随失败和挫折,在失败和挫折中意志才能得以锻炼。求职要勇于面对挫折,百折不挠。

> **名言警句**
>
> 人的一生,总是难免有浮沉。不会永远如旭日东升,也不会永远痛苦潦倒。反复地一浮一沉,对于一个人来说,正是磨炼。因此,浮在上面的,不必骄傲;沉在底下的,更用不着悲观。必须以率直、谦虚的态度,乐观进取、向前迈进。
>
> ——松下幸之助

在求职遭受挫折时,自我调适的主要方法有自我转化、适度宣泄、松弛练习、自我慰藉等多种。我们要提高自我调适的能力,有效地排除心理障碍,使自己保持一种稳定而积极的心态。

 **学有所获**

活动：求职技巧的获得，不能临阵磨枪，要在日常生活中为求职做好准备，你打算怎样做呢？请同学们写出自己的打算。

_____
_____

本课关键词集成：_____

 **学以致用**

再 试 一 次

有个年轻人去微软公司应聘，而该公司并没有刊登过招聘广告。年轻人见总经理疑惑不解，便用不太娴熟的英语解释说自己是碰巧路过这里，就贸然进来了。总经理感觉很新鲜，决定破例让他一试。面试的结果出人意料，年轻人表现很糟糕。他对总经理的解释是事先没有准备，总经理以为他不过是找个托词下台阶，就随口应道："等你准备好了再来试吧。"一周后，年轻人再次走进微软公司的大门，这次他依然没有成功。但比起第一次他的表现要好得多。而总经理给他的回答仍然同上次一样："等你准备好了再来试吧。"就这样，这个年轻人先后5次踏进微软公司的大门，最终被公司录用，成为公司的重点培养对象。

目标实现的过程是艰难的，很多人不成功并不是没有目标，而是缺乏"再试一次"的毅力和勇气。

读后感：_____
_____
_____

任务四　职业生涯与心态（一）

 **学习导航**

心若改变，你的态度跟着改变；态度改变，你的习惯跟着改变；习惯改变，你的性格跟着改变；性格改变，你的人生跟着改变。即拥有一种良好心态将收获一种精彩人生。

 **案例导学**

两条狗的故事

1. 第一条狗的故事

《读者文摘》上有这样一个故事：美国有一个牧场养了一条忠心耿耿的牧羊犬，它每天帮着主人放羊。在一次交通意外中，汽车把它的一条腿撞断了，截肢后这只牧羊犬只剩下了三条腿。尽管跑起来不是很利索，但它仍学着用三条腿跑，继续为它的主人服务着。

可是祸不单行，后来又发生了一次意外，这只牧羊犬又被截肢一条腿，最糟糕的是，截掉的两条腿是同一边的。我们不能想象这样的狗还能跑，可是它却干了一件出乎人们意料的事情。它蹭着篱笆的旁边把自己的前肢和后肢分别伸到篱笆里头以后，把自己的骨头给别断，用它长好以后的断腿面继续跑，为它的主人服务。

人生启迪

你是在什么样的心态下工作的呢？是第一条狗的心态，还是第二条狗的心态？是必须成功的心态还是试试看的心态呢？

2. 第二条狗的故事

有一条非常优秀的猎狗，这条猎狗远近闻名，出去逮兔子，一逮一个准。有一天，主人家来了一批尊贵的客人，主人跟客人吹牛说："我这条猎狗出去逮兔子，一逮一个准。"客人不相信。主人就叫人将猎狗带到了野外，看到有野兔，那人就把狗放出去了。

一会儿工夫这条狗就回来了，兔子没有逮着。主人气得不得了，说："贵客临门，正是你露脸的时候，你怎么掉链子了呢？"没想到这条狗对主人说："你今天错怪我了，平时我是饿着肚子去追兔子的，追到兔子才有饭吃，所以我非常认真，赶快追跑。而今天我吃饱了，肚子不饿，所以我以为是表演赛，就没有使出全力。"

为什么第二条狗的心态改变了以后，结果也改变了呢？我们平时做事情

的时候，总是在讲"我尽量，我争取，我试试看……"，这跟第二条猎狗吃饱时候的心态是一模一样的，像故事中所说的那样是"表演赛"。所以当我们都在做表演赛的时候，成功的可能性几乎为零，这归根结底依然是一个心态的问题。

 **相关链接**

名扬世界的心理学家威廉·詹姆斯说过：我们这一代人最重要的发现是：人能改变心态，从而改变自己的一生。在工作中，总听到一些人抱怨：工作环境不好，待遇不高，市场混杂，公司没前景等。其实真正影响我们职业生涯成功的绝不是环境、待遇，而是我们对待这一切时所持的心态。

曾有一家濒临倒闭的食品公司为了起死回生，决定裁员三分之一。有三种人名列其中：清洁工、司机和仓管人员，总共30多名。经理找他们谈话，说明了裁员意图。

清洁工说："我们很重要，如果没有我们，就没有清洁优美、健康有序的工作环境，你们怎么能全身心投入工作？"

司机说："我们很重要，这么多产品没有司机怎么能迅速销往市场？"

仓管人员说："我们很重要，否则食品会被偷光！"

经理觉得他们说的话都很有道理，权衡再三决定不裁员，重新制订管理策略。最后在厂门口悬挂一块大匾"我很重要"。这一句话深入人心，改变了职场工作的心态，调动了职工积极发挥自己潜力的主动性。从此，每当职工来上班，第一眼看到是便是"我很重要"这四个字，都认为领导很重视他们，工作起来非常卖命。因此，在职业生涯里，任何时候都不要看轻了自己，敢于自信地说："我很重要。"树立职场必胜的信心，让它永远激励自己走向成功的彼岸。

美国的爱默生说过：职业是最好的医生，如果你忠于并热爱你的职业，你就能收获本能的快乐。热爱自己工作的人，经常感受着职业生涯的幸福与快乐。有这样的一个故事：三个砌墙工人在砌墙。有路过的人问其中的一个工人，说："你在做什么？"这个工人没好气地说："没看见吗，我在砌墙！"于是他转身问第二个人："你在做什么呢？"第二个人说："我在挣钱养家糊口。"这个人又问第三个人，第三个人嘴里哼着小调，欢快地说："我在建一座美丽的城堡！"

姑且不看三个人未来的命运如何，单看第三个人的工作态度就非常令人钦佩。同样平凡的工作，一样的看似简单重复，枯燥乏味，他却能以快乐的心情面对，热爱它，在平凡中感知不平凡，在简单中构筑自己的梦想。这样的人何愁不会成功呢？

著名的心理学家马斯洛曾说：心若改变，你的态度跟着改变；态度改变，你的习惯跟着改变；习惯改变，你的性格跟着改变；性格改变，你的人生跟着改变。即拥有一种良好心态将收获一种精彩人生。因此，面对职业生涯的顺境、逆境与困境时所持的心态，远比任何事情都来得重要。想要取得职业生涯的成功，先拥有良好的心态。

 学有所获

畅所欲言：本节课我学到了什么？有哪些启发？
_____
_____

本课关键词集成：_____

 **学以致用**

小村镇的树底下蹲着一个老头在晒太阳。这时一个外地来的小伙子跟这个老大爷说他想找一份工作，想打听一下这个地方好不好，人怎么样，如果好就留下来，不好就再找。这老头就反问他，原来待的地方好不好？小伙子说，原来待的地方一塌糊涂，男人不是男人，女人不是女人，当官的不像当

官的,当兵的不像当兵的,通通都不好,就我一个好人。那个老头子说,我们这个地方比你那个地方还要糟糕,大家勾心斗角,乱八七糟。小伙子吓坏了,赶紧跑了。

过了两天又来了一个小伙子,又找这个老大爷问同样的问题。老大爷又问他,你原来那个地方好不好呢。这小伙子说,我原来那个地方非常好,大家和睦相处,一起做事情,我因为搬家才到这里来,希望找一个跟原来一样好的地方。这时这老头就对小伙子说,我们这个地方跟你原来的地方一样好,大家都平等相处,当官的像当官的,当兵的像当兵的,你留下吧,好好干。

提醒您:
你怎样看别人,别人也怎样看你。你的眼睛是善良的,你真心地对待别人,别人也会真心对你。

读后感:_____
_____

任务五　职业生涯与心态(二)

 **学习导航**

学会调整自己的观点和脚步,克服悲观心态,把握机会。把自己的心态调整到最佳状态,我们就会成功。

 案例导学

人生启迪

积极的心态给我们的工作带来什么好处?消极的心态给我们的工作带来什么坏处?

皮鞋推销

太平洋上的一个岛屿,来了两个分别属于英国和美国的皮鞋厂的推销员,他们在岛上分头跑了一圈,发现岛上竟无人穿鞋,于是第二天分别给工厂发了电报,英国推销员的电文说:"此岛无人穿鞋,我于明天飞返。"而美国推销员的电文却是:"此岛无人穿鞋,皮鞋销售前景极佳,我拟驻留此地。"

第二天，英国推销员飞离此岛，美国推销员则留下来张贴"广告"。他的广告没有文字说明，只是画着一个当地人模样的壮汉，脚穿皮鞋，肩扛虎、豹、狼、鹿等猎物，威武雄壮，煞是好看。当地的土著看了这张广告，纷纷打听在哪儿能弄到那广告画面上的壮汉脚上穿的东西，于是美国推销员所推销的皮鞋逐渐打开了销路。

同一个岛屿、同样赤脚的人，第一个推销员：失望地放弃努力，失败沮丧而回；另一个推销员：惊喜万分，最后发大财而归。

 **知识导播**

一、观点与角度

西北地区婆婆相媳妇，要求媳妇的脖子粗而短，肩膀平而宽，身要长，腰要粗，屁股要大。而我们现代人的审美观却是：女孩子要高高的，脖子细细的，肩膀小小的，腰瘦瘦的才是美的。显然两者的审美标准相差极大。

谈恋爱的时候，人是最糊涂的，认为对方的缺点也是优点，是个性。可一旦结婚了，就发现对方没有那么多优点，只有无数的缺点。

由此可见，不同的人，在不同的环境和条件下，看问题的观点和角度会不同。我们的心态随之发生变化，因此认识不同，层次不同，观点不同，角度不同，你最后得出的结论就完全不一样。

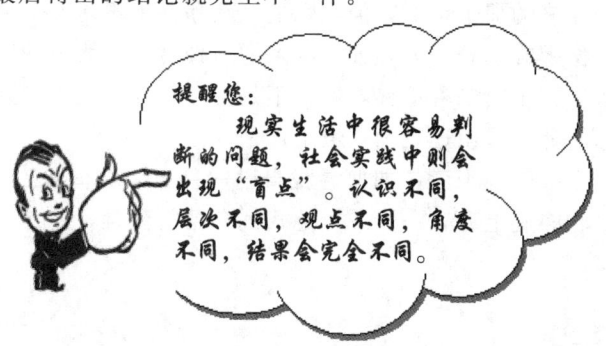

提醒您：
现实生活中很容易判断的问题，社会实践中则会出现"盲点"。认识不同，层次不同，观点不同，角度不同，结果会完全不同。

二、把握人生的机会，克服悲观性倾向

一个人的一生可以用三天去诠释：昨天，今天，明天。昨天过去了，今天即将过去，最想知道的就是明天。每个人都想知道明天会怎么样，我们既然不知道明天，可又想知道明天，那么唯一的办法就是预估。

正是由于悲观性的倾向，会造成我们遇到问题时总是去假设前途险阻，这往往会带给我们悲观的心态。由于悲观性的倾向，我们总觉得往前走很困难，小心点比较稳妥。其实这是不正确的，在人生的道路上，越往前走，越容易，越广阔，如果后退，最终只会无路可走。

> 请你对下面两个问题进行预估：
>
> ➢ 你的一个朋友突然失踪，你估计出了什么问题？
> ➢ 你的一个朋友急急忙忙去医院，请问为什么？
>
> 在预估时会发现，我们总是往坏的地方想，越想越害怕。这就出现了一个非常有趣的人生现象，一个心理学上的现象，即悲观主义倾向。就是说只要你对某件事情是未知的而让你预测，我们绝大部分的情况下会向悲观的方向预测。

所以我们要很清醒，要克服自己的悲观性倾向，遇到未知问题的时候要保持豁达，保持乐观、积极向上的进取精神，这种心态才是可取的。

> 提醒您：
> ➢ 自然的规律是向前容易，后退难；向上容易，向下难。
> ➢ 人们以为向前难，实际上越向前，越向上，人生的道路越宽广。

三、螺旋上升理论

每一个人的人生都应该有一种向上的趋势，上升到某一个点的时候，会发现好像还是原来的那个点上，但实际上已经和原来不是一个境界了。这种向上的趋势就像螺旋上开一样，如同佛家的三种境界：第一种境界，看山是山，看水是水；到了第二种境界，看山不是山，看水不是水；到了第三种境界，即最高的境界，看山还是山，看水还是水。

因此，对于一个人来说，如何寻找自己的位置，如何开发自己的潜能，使自己能够沿着螺旋上升，一步一步地找到自己的位置，才是最重要的。

 阅读思考

渔夫、破船和太阳的故事

有一个人看到海边有一条破船，还有个渔夫在晒太阳。他就跑过去问："你为什么不打鱼呢？"渔夫说早上打了一船鱼，今天够吃了，所以就不打鱼了。这个人就跟他讲："你应该再出去打鱼，打来的鱼卖了钱，你就会攒到一笔钱，就可以买新的渔船，之后你就可以打更多的鱼，赚更多的钱。慢慢地，你就会拥有一个船队，你就不用亲自去打鱼了。那时你每天就可以看着大海，晒晒太阳，多舒服。"结果渔夫说："可是我现在不正在看着大海，晒着太阳吗？我为什么要转个圈回来，再来晒太阳呢？"

读后感：_____

_____

_____

  我们要学会调整自己的观点和脚步，克服悲观，把握机会。把自己心态调整到最佳状态。心态健康身体才能健康，如果你的心态是不正确的，是病态的，你就不可能成功。

 学有所获

  活动：一个人成功与否，主要取决于他的心态。收集心态决定人生的故事与同学分享。

_____

_____

  本课关键词集成：_____

 **学以致用**

  心态对一个人的成功至关重要，请根据你的体会，谈一谈心态在你的成长历程中所起的作用。

_____

_____

任务六 职业生涯与沟通

 **学习导航**

  人要想在群体中生存，就必须要有沟通的能力。一个成功的沟通应该是双向的、互动的，所以应该避免单向的沟通。因为单向的沟通可能会产生冲突，而解决冲突最好的办法是合作协商。我们在职业生涯中应该学会与人沟通，学会与人友好相处。

 **案例导学**

人生启迪

扁鹊看出蔡桓公有病，并劝其治病，蔡桓公却不信任扁鹊，错过了治疗期导致病死，一直以来我们对扁鹊看病一说的结论都集中在蔡桓公讳疾忌医，不肯听劝的角度。但是，换个角度看问题，扁鹊对蔡桓公的死也负有责任，他作为一位医者，在与患者蔡桓公进行沟通时，并没有做到有效沟通，与蔡桓公四次觐见的沟通都以失败告终。纵然医术高明，如果缺乏良好沟通，还是没有办法医治好患者，从扁鹊四次劝蔡桓公失败的教训中，可以看出沟通和沟通技巧的必要性。扁鹊在沟通中的失败经验值得我们深思。

扁鹊见蔡桓公

我国古代春秋战国时期，有一位著名的医生，他叫扁鹊。有一次，扁鹊谒见蔡桓公，站了一会儿，他看看蔡桓公的脸色，然后说："国君，你的皮肤有病，不治怕是要加重了。"蔡桓公笑着说："我没有任何病。"扁鹊告辞后，蔡桓公对他的臣下说："医生就喜欢给没病的人治病，以便显示自己有本事。"

过了十几天，扁鹊又前来拜见蔡桓公，他仔细看看蔡桓公的脸色说："国君，你的病已到了皮肉之间，不治会加重的。"蔡桓公见他尽说些不着边际的话，气得没有理他。扁鹊走后，蔡桓公还没有消气。

又过了十多天后，扁鹊又来朝见蔡桓公，神色凝重地说："国君，你的病已入肠胃，再不治就危险了。"蔡桓公气得叫人把他轰走了。

再过十几天，蔡桓公出宫巡视，扁鹊远远地望见蔡桓公，转身就走。蔡桓公很奇怪，派人去追问。扁鹊叹息说："皮肤上的病，用药物贴就可以治好；皮肉之间的病，用针灸可以治好；在肠胃之间，服用汤药就可以治好；但是病入骨髓，那么生命已掌握在司命之神的手里了，医生是无能为力了。如今国君的病已深入骨髓，所以我不敢去见了。"蔡桓公听后仍不相信。

五天之后，蔡桓公遍身疼痛，连忙派人去请扁鹊，这时扁鹊已经逃往秦国躲起来了。不久，蔡桓公便病死了。

 知识导播

一、什么是沟通

所谓沟通，就是一种信息的传递。一般来讲，成功的沟通由两个部分组成，第一个部分是传递，第二个部分是了解。传递，即对方接受你所传递的信息；了解，即对方理解你所传递的信息，产生共鸣。两个组成部分，缺一不可，只要缺少一个，就不是有效的沟通。

二、为什么要沟通

我们每一个人都不是一座孤岛，每一个人都在群体中生活，要在群体中发展，就必须有一种沟通的能力。所以每一个人的职业生涯，都与沟通相关。

三、沟通的基本流程

发送者通过一个编码，把信息传出去，排列这个编码要有一个渠道，到渠道的另一边要翻译成另外的一种编码，被接受者接受，这样沟通才能形成一个通路循环。这个过程可能还会产生干扰，但是反馈可以抗干扰。

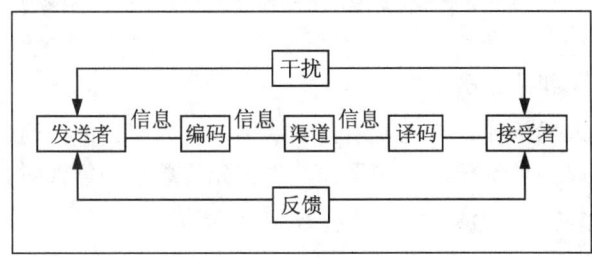

沟通的基本流程图

四、单向沟通的风险

案例：某公司经理早晨上班，发现小王请假没来。一打听，A说："小王病了，好像病得还挺重的。"再问，B回答说："小王病重，好像住医院了。"之后又问C："小王怎么没来？"C说："小王住进医院，好像病危了。"再往下问，D说："小王病危，好像快死了。"而事实上，小王只是感冒而已。

这样一个过程，在我们生活中经常碰到。这就是单向沟通，信息在传递过程中被扭曲，产生了偏差。

启示

有效的沟通，不但要有向前的渠道，而且要有回来的渠道，形成沟通的回路，才能够抗干扰。

五、如何让别人接受你

1. 己所不欲，勿施于人

我们经常犯这样的错误，自己不想干的事，自己不想担的责任，就推给别人。这样做只会引起别人的反感，再要与别人进行有效沟通，让别人接受你几乎是不可能的。

2. "重视"和"在乎"别人

要想让别人承认你，首先要学会承认别人。人与人的沟通是建立在平等的基础上，所以如果希望对方接受你，你首先要尊重和重视对方。

3. 认真倾听，真诚赞美

如何将自己对对方的尊重表现出来，如何让对方知晓这一点，我们首先从聆听做起，要做到乐于倾听别人的意见，并学会赞美别人。这是我们在行动上首先要表现出来的。

4. 注重自己的礼貌和仪表

如何将自己对对方的尊重表现出来，除了行动以外，还要注重自己的礼貌和仪表，良好的仪容和礼貌是对对方尊重的一个重要方面。

六、如何让别人认同你

1. 设身处地考虑问题

只有设身处地考虑问题，别人才有可能去认同你。我们要从多种角度来思考自己建议的合理性，力求获得别人的支持。

2. 引导对方说"是"

要想让对方认同你，就要引导对方，让对方的意见和你的意见达成一致，让对方觉得你是对的。

3. 化己之见变他之欲

别人支持你的意见或方案，从某种程度上说，应该是这种方案获得了别人的认同。很多时候我们需要换位思考，考虑对方的利益或需求，来提出自己的意见。

 阅读思考

"死鱼活鱼"的教训

广东人对吃海鲜非常讲究，绝对不吃死鱼。某天，一位对鱼很内行的人来饭馆用餐，点了一条鱼。上菜之后，此人一看大怒，气冲冲地问店长："你怎么拿条死鱼给我吃？"可万万没想到，店长很有礼貌地说："先生，这

条鱼都蒸熟了，它还能是活的吗?"

从辩论的角度看，店长说得确实有道理，他确实赢了。但是从做生意的角度看，他却输了。这就告诉我们，你如果不从客人的需要和利益出发考虑问题，客人绝对不会认同你。

七、如何让别人信任你

1. "诚、真、信"的处事原则

信任一个人，一定是相互之间真诚相待，诚实守信的结果。如果我们希望别人相信我们，那么真诚相待、诚实守信就一定要作为我们的行为准则。

2. 言必信，行必果，不轻诺

信任的一个表现就是言必信，行必果。而在现实中，我们常常很难保证承诺的所有事情都能够兑现，所以许诺时应该非常慎重，尤其是重要的事情。

3. 过而改之，善莫大焉

坦坦荡荡承认自己的错误，是非常难得的品格。人的本性决定了人是极不愿意否定自己的，所以要别人相信你，除了我们承诺之后要慎言，承诺既出就要严格履行以外，还要看你对待错误的心态如何。

4. 坦荡、健全的人格

承诺、真诚和知错就改等品行，其本质主要取决于你的人格，也就是说健全的人格是赢得尊重和信任的根本。

 学有所获

谈一谈：在别人和你发生异议的时候，你是怎么通过努力让对方认同自己的？

_____

本课关键词集成：_____

 **学以致用**

左宗棠输棋

晚清重臣左宗棠（1812—1885），历史上对其评价众说不一。但是对其收复边疆的事迹，却始终是众口赞赏的一大亮点。说起左宗棠收复边疆，还有一段故事呢。

传说左宗棠酷爱下棋,且棋艺高超,很少遇到对手。在奉命带兵去边疆平复叛乱前夕的一天,他到外面微服私访。看到一位其貌不扬的七十多岁老人在那里摆棋阵,旁边竖立一面小旗,上面写着"天下第一棋手"六个大字。一下引起了左大人的注意,便主动上前挑战。没有想到老人根本不堪一击,输得一塌糊涂。左宗棠非常气愤,命令老人自己砸掉招牌,卷铺盖走人。

不久左宗棠从边疆平叛凯旋。没有想到那面"天下第一棋手"的旗子还迎风竖在那里,那位老人还在那里优哉游哉地摆龙门阵。左大人极其气愤,决定再去教训一下这个不知天高地厚的赖皮。奇怪的是,情况完全与上次相反,几个回合下来,老人把左宗棠杀得落花流水,几乎没有多少招架之力。他觉得不可思议,便向老人讨教。老人微笑着回答:"上次您虽然是微服出巡,但是我知道您就是左大人,而且即将出征边疆平叛,这是国家大事。我不想在这个时候挫伤您这个一军主帅的锐气,所以有意叫您赢棋。让您作为一个击败天下第一棋手的胜利者,信心十足地去杀敌平叛立功。如今您已凯旋,功高望重。我就不再客气了。也是告诉大人,山外有山,天外有天,人不可貌相。还请大人见谅!"左宗棠听后,沉思良久,羞惭不已。写打油诗一首感之:

第一棋手臭棋艺,惹恼大人发脾气;
命砸招牌卷铺盖,以后不准来此地;
新疆平叛凯旋时,又遇老翁摆棋局;
宗棠大人更来气,再来教训厚脸皮;
谁知屡战屡失败,根本没有还手力;
大人纳闷个中理,老人笑谈输赢谜;
当初大人要出征,让您赢棋长锐气;
主帅信心不可挫,豪情满怀去杀敌;
如今凯旋庆功时,赢您几盘挫傲气;
山外有山天外天,以貌取人使不得!

读后感:_____
_____
_____

项目九

职业教育生涯规划、调整与评价

 **单元导读**

　　要想在回忆往事时不后悔、不遗憾，就要当好自己的主人，管理和调整好自己的职业生涯规划，为一生的发展打好基础。

　　珍惜现在才有光明的未来。

任务一　管理规划，夯实终身发展的基础

 **学习导航**

掌握职业生涯规划的管理方法，初步学会管理职业生涯规划。

总结归纳能力、逻辑思维能力、信息处理能力、口语表达能力、团队精神、合作意识。

学会融入集体，在集体中成长；懂得职业生涯规划管理的重要意义，学会"立长志"。

 案例导学

人生启迪

（1）要早立志，早规划自己的发展方向。

（2）在校期间就要为毕业之后的事业发展作好全面准备。

有计划才能成功

学精细化工的小丁，她的目标是成为一个化妆品行业的精英。化工知识与化妆品方面的知识是相关的，为此小丁在学校里努力学习化工方面的专业知识和技能，并且锻炼社会能力，增强责任心。小丁制订的计划是毕业后争取到企业当技术员，然后到化妆品公司工作，一步一步向自己的目标迈进。

果然，小丁毕业后在化妆品公司当了一名实验室技术员，由于表现出色，她得的奖金比本科生还多。

此后，她自己研制了上百种化妆品，后来参股了一家化妆品公司，成为股东，并兼任开发部经理，主管技术和市场开发，把公司业务搞得红红火火。

 **知识导播**

一、认真执行职业生涯规划的各项措施

自己制订的职业生涯规划，有目标，有计划，有任务，当然还有措施。这个措施如何落实呢？

1. 依靠集体的力量规划自己的行为

人生活在集体之中，生活在社会之中，集体由个人组成，但个人又依赖

集体。集体成员之间是合作友爱的关系。人，只有依赖并接受集体的力量，才能发现自身的弱点和不足。在比较中就会发现不良行为习惯，发现之后应该加以改正，使自己的行为更规范。这样人就进步了，才能融入社会和集体之中去，开创自己的事业，发展自己的事业。

2. 加强职业生涯规划管理

职业生涯规划制订出来不是拿来做摆设的，而是用来实践，更好地发展自身的职业生涯。职业生涯规划制订之后，并不一定完善，因此在这过程中必须对其予以管理和完善。

什么是职业生涯规划管理？

职业生涯规划管理主要是对规划的实行、组织、指挥、协调和控制，以完成既定目标。职业生涯规划的实行是指规划的落实，把规划制订出来。很多人对今后的职业还没有考虑成熟，但至少在毕业前夕要制订出来。职业生涯规划的组织是指以各种具体行动来推进规划的实施。如认真学习相关业务技能知识，积极参与各种职业资格证书的考试。职业生涯规划的指挥是指按规划部署执行进度，并激励自己，强化信念。职业生涯管理的协调是指根据规划管理的需要协调好各种关系，主要是同学关系、个人与集体的关系、个人与社会的关系。职业生涯管理的控制主要是指防止某些不利于规划落实和完善的各种行为。

二、定期检查职业生涯规划执行实效

1. 勤于自我检查

主要检查问题、检查进度、反省自己的信心和决心。

2. 善于请人督促

人都有惰性，俗话说，好习惯是逼出来的。制订出规划以后，可以请同学、家长和朋友们督促，让他们参与监督。

三、珍惜在校生活，奠定发展基础

（1）认清形势：职业的演变速度越来越快，很多职业不断消亡；其次，一个人一生只从事一种职业的可能性越来越小，有可能因为形势的需要从事陌生的职业。因此，必须树立不断学习、终身学习的观念。

（2）要强化时间观念

时间是金钱，时间是生命，时间是效率，这话一点都不假。在校期间，要有所收获，不要每天无所事事。人活九十年，只有32850天；职业生涯四十年，只有14600天。三年中职学习只有一千多天，其实远远没有一千多天。所以真正用在学习上的时间不多，而如果这么一点时间都不抓紧，那么就等于浪费生命了。

阅读思考

平 均 定 律

宇宙的"平均定律"告诉我们,宇宙万物都是平均发展的,有好就有坏,有黑就有白,有高就有低,任何人都不能破坏这种定律。

人的一生也是一样的,有好有坏,有高有低,有起有落,了解了这样的循环法则,当你"起"的时候不要太过高兴,因为有"起"就会有"落";当你"落"的时候不要灰心、难过,因为黑夜过去就是黎明。任何低潮来临时,也代表高潮的来临。所以,我们要乐观对待生活。

我们必须认识到,当你成功的时候,还是要不断地学习。学习是为了储藏自己的能量,并保留起来,万一低潮来的时候,你必须要拿出来使用它。当你处在黑夜的时候不要懊恼、丧气,虽然你看不到黎明,但你要相信只要继续再坚持一下,等到黎明来的时候,你的人生又是大好时机。

不管你在做什么事业,领导者也好、企业家也好、推销员也好、普通职员也好,都要记住这个定律。

读后感: _____
_____
_____

学有所获

活动:成功的职业生涯设计需要时时审视内外环境的变化,并且调整自己的前进步伐。目标的存在只是为你的前进指示一个方向。而你是目标的创造者,你可以在不同时间不同环境下更改它,让它更符合你的理想。在网上搜集有关这方面的案例和大家分享。
_____

本课关键词集成:_____

学以致用

(1)如何认真执行职业生涯规划的各项措施?
_____

(2)如何进行定期检查职业生涯规划的执行实效?
_____

（3）如何做才能珍惜在校生活？

任务二　调整规划，适应发展条件变化

学习导航

调整职业生涯规划的必要性。
如何适应职业生涯中的变化。
不断调整自己适应职业的发展变化。

案例导学

双语服务员

芳芳毕业后当了一名售货员，这与当初的规划和设想相差甚远，于是经常失眠。但她不甘心，决心改变前途和命运。业余时间别人用MP3听音乐，而她用MP3练英语，立志以后当个翻译。由于芳芳在接待一名外国顾客的过程中展露了外语才华，受到表扬，她意识到发挥好自身外语优势的情况下，当一名售货员一样可以成才。于是她决心当一名能提供双语服务的售货员。最后她果然成功了。

人生启迪

（1）初次就业往往是不理想的，但不理想并不等于就不就业，如果一味儿地等是没有出路的。
（2）只有奋斗才能改变自己的命运。芳芳就是通过努力学习外语，展示自己的才华才打通前进的大道。

知识导播

一、调整职业生涯规划的必要性

1. 应对外部条件变化的需要

（1）外部世界是变化的，只有变化是不变的。
（2）既然外部条件在变化，那么职业生涯规划就应适时调整。
（3）调整职业生涯规划主要是调整近期目标和发展措施，当然也可以调整长远目标。

2. 适应自身素质变化的需要

（1）外部世界在变化，同时自身的内在因素也在发生变化。

（2）自身的变化主要表现在知识能力的提高、阅历的丰富、人生价值观的改变、性格的成熟、家庭环境的改善。这些因素的变化要求我们应根据实际情况调整自身的职业生涯规划。比如说，以前制订的目标是当老板，但后来由于自身素质提高了，结果出国留学，或者考上了国家公务员。这些都与原来的职业生涯规划不一样了。所以，适应自身素质的变化，需要调整职业生涯规划。

二、调整职业生涯规划的时机

1. 毕业前夕的调整

越早调整越好，所以一般在毕业前夕进行调整是最佳的，因为这时候职业规划还没有得到完全实施，调整后找准一个好的起点，就会为成功打下良好的基础。

2. 从业初期的调整

（1）工作了三至五年后，人生经验丰富了，工作经验也丰富了，自己的职业理想可能更明确了。这时候调整职业生涯规划也是一个不错的时机。

（2）从业初期调整职业生涯规划的原因是多方面的，具体如下。

第一，初次择业就业时难以找到合适的职业。

第二，工作一段时间后，发现自己确实不适合现在的工作，这就为重新调整职业生涯规划提供了可能。

第三，有了从业经历，可能追求的目标更高，或是自身素质提高更有可能实现之前目标，所以进行及时的调整。

三、调整职业生涯规划的方法

1. 自我条件重新剖析和发展机遇重新评估

（1）自我条件重新剖析，主要剖析以下方面。

第一，剖析自己的兴趣爱好发生了哪些变化？
第二，剖析自己的知识能力有哪些提高？
第三，剖析自己的专长究竟是什么？
第四，剖析自身工作经历对以后发展有哪些优势。
（2）发展机遇重新评估，是对外部条件进行审视。
如果在工作中遇到新的发展机遇，对自身职业发展有好处，当然就要对先前制订的职业生涯规划进行调整。

2. 发展目标修正和措施修订

（1）职业生涯目标修正。

这个目标修正，不是指目标调整，主要是指价值取向的进一步端正：为了什么而工作？这些都体现一个人工作的价值取向问题。

（2）职业发展措施修订。

在职业发展进程中要增加措施的针对性和实效性。

 学有所获

议一议：当今社会处于激烈的变化过程中，中职毕业生的就业观念也要相应地改变，打破传统的"一业定终身"的理念。就业、再就业是大趋势，职业生涯规划也要根据各种变化来调整。
_____

本课关键词集成：_____

 **学以致用**

（1）芳芳的故事给你哪些启示？
_____

（2）调整职业生涯规划的必要性是什么？
_____

（3）何时是调整职业生涯规划的最佳时期？
_____

任务三 科学评价职业生涯发展和职业生涯发展规划

 **学习导航**

使学生理解科学评价职业生涯发展和职业生涯发展规划对实现职业理想的重要性,明确评价职业生涯成功的不同价值取向,评价职业生涯发展的要素,科学评价自己的职业生涯规划。

了解评价职业生涯发展成功的不同价值取向,评价职业生涯发展的要素,理解职业生涯发展规划管理、调整、评价的必要性,理解终身学习与职业生涯发展的关系。

形成科学评价职业生涯发展规划的观念,培养成功者的心态,将学生个人的发展和社会、国家的发展结合起来,使自己的职业生涯发展规划得到升华,形成正确的就业观、择业观和成才观,进而努力追求实现职业理想。

人生启迪

小陈的职业生涯规划由于还没有付诸实施,因此看来还不成熟,还远远没有定型。

同学们和老师之所以给小陈的规划提出各种意见,是因为各人的观点不一致,并不代表小陈的规划就是错误的,行不通的。一切只有通过实践检验才有最后的结论,现在只是讨论一下,供大家参考,如果小陈觉得有修改的必要那也是可以的。

职业生涯规划是用来规范自己、鞭策自己的,凡是符合自己的发展条件,能真正促进发展的规划,就是有用的规划。

 **案例导学**

学花卉园艺专业的小陈在其职业生涯规划中提出了要当一名盆景造型师的规划。他介绍了自己职业理想的产生,主要是从稀里糊涂到真正感兴趣——对盆景造型感兴趣。为此他确定了当盆景造型师的长远目标,把近期目标定为考取盆景工职业资格证书,并且在实习时争取到当地有盆景业务的地方去实习。可是许多同学对他的规划或者说职业理想评论不一,有赞扬、有建议、有指责。最后老师叫他预测一下自己的家庭经济状况,然后再决定是否修改自己的规划。另外,老师还建议他根据自身的能力和价值取向来决定是否创业。

 **知识导播**

一、评价职业生涯成功的不同价值取向

1. 不同的人对职业生涯成功的理解不同

对于职业生涯,有人认为成功就是发财;有人认为成功就是为社会作出了贡献;有人认为在工作中得到了舒适的享受就是成功;有人认为有权势和

地位就是职业成功；有人认为自己的职业行为被认同就是成功。总之，每个人的观点不尽一致，看法有所不同。那么究竟什么才是成功呢？对于职场员工来说，成功的意义应该是发挥了自己的所长，尽了自己的努力之后，即使失败了也是成功的，只要问心无愧。

> **名言警句**
>
> 只有一种成功——能以你自己的生活方式度过你的一生。
>
> ——克里斯托弗·莫利

2. 八种类型的职业价值取向

（1）追求技术与职业能力，即职能，认为掌握了技术和提高了能力就是成功。

（2）追求管理，也就是追求权势和地位，认为有了权势和地位就是成功。如那些有一官半职的人。

（3）追求独立自主，喜欢享受自由自在和随心所欲，只要达到了这个境界就是职业生涯的成功。

（4）追求安全和稳定，凡是对人身有危险和风险的职业，一律不涉及。

（5）追求创业，即创业型的职业价值取向，认为有自己的企业或公司，而宁愿冒风险，这种人认为追求创业就是成功。

（6）服务型，以助人为乐，把为别人提供方便和帮助作为自己最大的快乐和成功。如雷锋同志就是这样的人。

（7）追求挑战，认为战胜了别人、战胜了对手、战胜了别人不能战胜的困难就是成功。

（8）生活型，这种人看重家庭生活，工作仅仅是生活的需要和点缀。

根据以上情况，请同学们考虑一下自己属于哪种类型。

二、评价职业生涯发展的要素

1. 从个人、家庭、企业、社会的角度判断

从多个角度对自己进行自我评价、家庭评价、企业评价和社会评价，个人、家庭、企业和社会如果都对自身职业进行肯定，即满意和赞扬，那说明你的职业生涯发展肯定是成功的。

2. 要经得住历史检验

经过若干年之后，如果你追求的职业价值取向还在被人称颂着，那么你肯定是成功的。像雷锋同志、李素丽同志等，他们就是经受住了时间的检验和考验，至今仍被人称颂，他们的职业价值追求肯定是成功的。

学有所获

活动：以小组为单位，在小组内交流各自的职业价值观：哪个职业好？哪个岗位适合自己？从事某一项具体工作的目的是什么？
_____
_____

本课关键词集成：_____

学以致用

（1）评价职业生涯成功的不同价值取向有哪些？
_____

（2）评价职业生涯发展的要素有哪些？
_____

（3）如何评价自己的职业生涯规划？
_____

参 考 文 献

[1] 张朝辉. 礼仪规范教程 [M]. 北京：高等教育出版社，2011.
[2] 蒋乃平. 职业生涯规划 [M]. 北京：高等教育出版社，2009.